절대
금융
상식

Absolute Financial Common Sense

# 절대 금융 상식

초판 1쇄 인쇄 | 2012년 11월 22일
초판 1쇄 발행 | 2012년 11월 29일

지은이 | 고대원
펴낸이 | 원선화
펴낸곳 | 푸른영토

편집부 | 이세경, 마은지
디자인 | 김왕기, 정연규
영업부 | 조병훈

주소 | 경기도 고양시 일산동구 장항동 865 코오롱 레이크폴리스 1차 A동 908호
전화 | (대표)031-925-2327, 070-7477-0386~9 · 팩스 | 031-925-2328
등록번호 | 제2005-24호     등록년월일 | 2005. 4. 15
홈페이지 | www.blueto.co.kr     전자우편 | kwk@blueto.co.kr

종이 | (주)비전 B&P
인쇄 | 예림인쇄

ISBN 978-89-97348-11-4   03800

* 잘못된 책은 바꾸어 드립니다.
* 값은 뒤표지에 있습니다.

# 절대 금융 상식

| 고대원 지음 |

Absolute Financial Common Sense

푸른영토

어느 날 은찬이 엄마는 마트에 가서 은찬이 장난감을 사기 위해 이것저것 쭉 둘러보았다. 평소 아들이 좋아하는 뽀로로 캐릭터가 들어 있는 장난감을 사 주기로 맘먹었다. 그런데 가격표를 보니 10만 원이 넘는 금액이 적혀 있었다. 평소 알뜰하기로 소문난 은찬이 엄마는 잠깐 몇 가지 생각을 하게 된다. 이 정도의 금액이면 아이를 위해 할 수 있는 것들이 더 많을 뿐만 아니라 예산에 차질이 생겨 다른 것들을 사기 위한 계획을 포기해야만 했다. 하지만 아이의 창의력과 집중력을 높여준다는 뽀로로 블록을 샀다. 그리고 결국 그날 마트에서 사려고 했던 몇 가지 목록은 다음으로 미룰 수밖에 없었다. 그나마 다행인 점은 은찬이가 그 장난감을 좋아했고, 재미있게 가지고 놀았다는 것이었다.

은찬이 엄마의 경우 월급쟁이 남편으로부터 받는 생

활비는 항상 고정되어 있다. 그 때문에 결혼식이나 장례식이라노 있는 달은 조금 버거운 것이 사실이었다. 하지만 알뜰한 은찬이 엄마는 나름 재테크에도 눈을 떠서 은행 적금과 증권회사의 적립식 펀드, 보험에도 몇 가지 가입하고 있다. 문제는 가끔씩 뭔가 사고 싶다는 충동을 억제하지 못하는 데 있었다. 그럴 때마다 다른 것을 포기해야 했는데도 말이다. 여기에는 알뜰하다고 해서 노력만큼 돈이 모이는 것 같지는 않다는 느낌이 작용하기 마련이다. '어차피 돈도 모이지 않는데, 언제 사보겠어?' 하는 심리가 작용하는 것이다.

많은 사람들도 은찬이 엄마처럼 나름대로 열심히 재테크에 노력을 기울인다. 하지만 시간이 지나도 내가 기울인 노력에 비해 돈은 많이 모여 있지 않은 것 같아서 속상해 한다.

여기서 잠깐! 기회비용이라는 것에 대해 한번 생각해보자. 기회비용이라는 것은 '여러 가지 기회 중 어떤 하나를 선택했을 때 그 선택으로 인해 포기해야 하는 가치로써의 비용'을 말한다. 은찬이 엄마의 경우라면 뽀로로 장난감을 선택히는 대신 포기할 수밖에 없었던 것들에 대한 비용이겠다. 지금 현재의 욕구를 충족시키기 위해 다른 기회들을 포기하는, 다시 말해 희생하는 경우가 흔히 발생한다. 대부분의 사람들의 경우 이렇게 희생되

는 기회들 중에는 내 집, 노년의 자녀 교육비, 은퇴 이후
의 자금 등으로 이어지는 일련의 기회들이 포함될 수도
있다. 하지만 현재의 욕구 충족을 포기하면 내 미래에는
더 큰, 더 좋은 기회를 얻게 된다.

텔레비전 퀴즈프로그램 〈1대 100〉을 보면 모든 도전
자에게 세 번의 찬스를 준다. 그러한 찬스를 어떻게 잘
활용하느냐에 따라 퀴즈에서 우승할 수도 있고, 몇 단계
관문을 통과하지 못해서 떨어지는 경우도 있다. 나중을
생각한다고 절호의 기회 때 찬스를 사용하지 않거나 굳
이 쓰지 않아도 될 때 찬스를 남발한다면 퀴즈의 달인이
되기 쉽지 않을 것이다. 돈 역시 마찬가지다. 절호의 기
회 때 사용을 잘해야 하는데 나중을 생각하지 않고 남발
하면 재테크를 이어가는 데 많은 어려움이 따르게 마련
이다.

이 책 《절대금융상식》은 내가 가지고 있는 돈, 즉 찬스
를 어떻게 잘 활용해야 하는지, 주어진 찬스를 어떻게 활
용할 것인지, 그리고 현재의 욕구를 충족시키는 대신 주
어지는 기회비용을 어떻게 해야 200% 활용할 수 있을
것인지에 대해 고민해보고자 쓰게 되었다.

사실 알아야 무엇이든 할 수 있다. 은행 직원이나 증권
사, 보험회사 직원이 권하는 대로 따라가기만 해서도, 주

위에서 권하는 대로 이리저리 몰려다녀서도 안 된다. 지금 나의 경제 상황을 토대로 미래에 대한 계획을 잘 세우고 거기에 맞는 재테크 계획 수립을 위해서뿐만 아니라 은행이나 증권사, 보험회사 직원의 말을 알아듣기 위해서라도 어느 정도의 금융 관련 용어나 내용을 알고 있어야 한다.

"적금 하나 가입했어."

"어떤 상품인데?"

"모르겠어. 직원이 그러는데 10년 후에 찾으면 세금이 없대."

"면제되는 세금이 얼마고 이자는 얼만데?"

"글쎄, 직원이 뭐라고 하는데 무슨 말인지 알아들을 수가 없더라고."

어쩌면 이 사람은 10년 만기 적금을 들은 것이라고 생각할지도 모르겠다. 그러나 실제로 이 사람이 가입한 상품은 시중 은행에서 팔고 있는 방카슈랑스 연금보험일지도 모른다. 아니면 저축성보험일 수도 있다. 10년 후 생각했던 수익이 나지 않았다고 해도 누구를 원망할 수가 없다. 나의 인생을 남의 손에 맡겨버린 내 탓이니 말이다.

사실 전문가들의 입에서 나오는 용어를 모두 다 이해

하기란 결코 쉬운 일이 아니다. 배운 적도 없고, 배우기도 쉽지 않다. 설명을 다시 부탁해도 또 오리무중이 되곤 한다. 이 책《절대금융상식》은 이런 어려움을 해결하기 위해 쓰였다. 그리고 위의 사람처럼 남에게 내 인생을 맡겨버리지 않게 하기 위해 쓰였다. 숫자나 경제용어만 나오면 치를 떠는 주부라도, 아직은 갑근세가 무엇인지도 모르는 사회초년생들이라도 쉽게 이해할 수 있을 것이다. 물론 재테크 경력자들도 참고를 하면 도움이 될 것이다.

고대원

# 돈은 찬스다

## 찬스를 위한 첫 번째 단계

일반적인 경우 사람들은 돈을 모으려 할 때 무작정 은행으로 간다. 창구 직원과 상담을 하고 창구 직원이 권하는 상품에 가입, 매달 일정 금액을 통장에서 이체해 가는 데 동의한다. 좀 더 적극적인 사람들은 제1금융권보다는 상호저축은행과 같은 제2금융권을 찾아가 이자가 몇 % 더 높은 상품에 가입한다. 그러나 요즘 상호저축은행들이 정치계 비리와 연루되면서 하나둘 문을 닫고 있는 실정이다 보니 그도 안전하다는 생각은 들지 않는다. 때문에 원리금이 예금자보호법에 의해 보호가 될 수 있도록 5천만 원 한도 내의 직금처럼 비교적 안정적인 선택을 고려한다.

어떤 직장인들은 증권회사의 CMA, MMF를 활용한다. 이들 상품은 고정된 이율이 아닌 그날그날 책정되는 이자를 지급한다. 일반적으로 제1금융권의 '보통요구불예금자유예금통장'은 내가 돈을 활용하고 싶을 때 언제라도 찾아서 쓸 수 있는 반면 그만큼 이율은 굉장히 낮다. 하지만 증권사의 CMA 같은 것들은 매일의 수익에 따라 이율이 달라지기 때문에 증시가 좋을 때는 비교적 유리한 상품이라 할 수 있다.

적금을 이용하든 CMA를 이용하든 아무것도 하지 않는 사람들보다는 훨씬 낫다고 해야 할 것이다. 하지만 금융 상품을 선택하기 전에 먼저 선행되어야 하는 것이 있다. 그것은 바로 내가 돈을 모으는 목적이 무엇인지 명확히 알고 있어야 한다는 것이다. 그저 남들이 하나씩을 가지고 있으니까, 하는 막연한 생각으로 이용하게 되면 유지하기가 결코 쉽지 않다. 천만다행으로 만기가 되어서 찾는다 하더라도 장래를 위해 재투자하기보다는 당장의 욕구 충족을 위해 소비하기 쉽다. 정작 필요한 큰 목돈은 모이질 않는 것이다.

높은 산을 오르다 보면 내가 왜 이렇게 힘든 산을 오르는 걸까, 여기에서도 멋진 풍경을 감상할 수 있는데 이제 내려갈까, 하는 자기합리화의 생각들이 머릿속을 헤집고 다닌다. 그리고 그러다 보면 하산을 하는 경우도 종종 있다. 정상까지 가겠다는 목표가 있는 사람과 산에 온 것에 의의를 두는 사람과의 차이가 바로 여기에 있다. 오르다 보면 정상에 갈 수도 있겠지, 라는 막연한 생각으로는 절대 정상까지 가기 힘들다.

돈도 마찬가지다. 목표가 명확할 때 이루겠다는 의지도, 추진력도 생기는 법이다. 돈을 모을 때는 장기적인 안목이 필요하다는 말이다. 내가 현재 얼마를 벌고 있고, 또 매달 얼마가 지출되며, 어떤 이유로 이러한 돈을 모으려고 하는지도 명확하게 파악하고 있어야 한다는 말이다. 일부 재무설계사들은 '현금흐름표'를 작성한다든지 '재무상태표'를 작성해서 매 분기마다 검토하고 고객들이 얼마나 잘 실행하고 있는지를 파악한다. 따라서 재무설계사에게 자신의 재무상황을 상의해보는 것도 한 가지 방법이다.

재무목표를 세우기 위해서는 먼저 일차적으로 무엇을 가장 먼저 준비해야 하는지 면밀히 따져보아야 한다.

이를 위해서는 먼저 백지에 가까운 장래에서부터 먼 장래에까지 이루고 싶은 일들을 작성한 후 그 옆에 목표를 이루고 싶은 연도를 쓴다. 주택을 구입한다든지, 좀더 넓은 평수로 전세를 옮긴다든지, 자동차를 구입하고 싶다든지, 가족과 함께 미주여행을 가고 싶다든지와 같은 목표를 적어보는 것이다. 물론 자녀의 대학 등록금 마련이나 은퇴 후 자금 마련도 목표가 될 수 있다. 그런 다음 그 계획을 현실화화기 위한 필요 금액을 적는다.

두 번째 단계에서는 이들 계획들의 우선순위를 정한다. 가장 먼저 해야 할 일들, 점차적으로 해야 할 일들에 순차적으로 번호를 매겨보는 것이다. 이런 과정을 거치고 나면 시기별로 목표를 이루기 위해 내가 해야 할 일들이 정해진다. 물론 계획만 세운다고 일이 저절로 되지는 않는다. 시기별 목표와 그것을 이루기 위해 해야 할 일들을 적은 것은 책상 위나 냉장고, 혹은 방문에 붙여놓고 계속 경각심을 키우기를 권한다. 별거 아니라고 생각할 수 있겠지만 적게는 나의 돈을 쓰는 습관이 고쳐지고, 크게는 내 인생이 바뀌게 될 수도 있다.


## 기간별 목표를 세우자

돈을 모으기 위한 여러 가지 목표를 세우고 방법을 구상했다면 실행에 앞서 계획을 기간에 따라 세 단계로 나눠야 한다. 단기, 중기, 장기의 자금 계획을 세우고, 그로 하여금 체계적인 재무설계를 하는 것이다.

단기적으로 돈을 모으는 것 외에 3년 이상이나 10년 이상의 장기저축계획은 자신도 없고 본인의 저축성향에도 안 맞는다고 할 사람도 있을 것이다. 그래서인지 보통 1~3년 만기의 적금에 많이들 가입한다, 그런데 어찌된 일인지 만기 때가 되면 꼭 돈 쓸 일이 생긴다. 돈을 쓰고 나서 또다시 저축을 시도하지만 같은 일만 반복될 뿐이다. 그러다 보면 근돈을 만든다거나 주택 사금, 은퇴 이후의 자금은 도무지 마련할 수가 없다. 또 대한민국에서 3년 정기 적금 해지율은 대략 80% 정도에 달한다. 가입자 100명 중 3년 정기적금을 유지하는 사람들이 고작 20명 정도도 안 된다는 말이다. 이것만 봐도 단기적금만이 능사가 아님을 알 수 있다.

어떤 사람들은 보험을 이용한 장기비과세저축에 가입하기도 한다. 물론 중간에 돈이 필요하면 중도 인출을 해서 사용할 수도 있다고는 하지만 중도 인출을 했을 경우 실제로 투자수익이나 이자수익이 적어지게 되면서 정작 큰돈을 만들기 어렵게 된다. 또 지나치게 장기 상품에 자금이 몰려 있는 경우 갑작스럽게 써야 할 돈이 생기게 되면 해지하게 되면서 큰 손실을 볼 수 있다.

따라서 장기자금을 모으기 위해선 중기자금이 필요하고. 중기자금을 모으기 위해선 비상예비자금과 같은 단기자금이 필요한 것이다. 보통은 1~2년까지를 단기적으로 쓸 수 있는 단기자금이라고 하고, 3~5년 정도는 중기자금, 5년 이상을 장기자금이라 할 수 있다.

구체적으로 단기 · 중기 · 장기자금 계획에 대해 알아보자.

일반적으로 많은 가정이 남편의 외벌이 수입에 의존하고 있는데, 400만 원이 월소득이라고 할 때 외벌이 수입이라는 사실에 근거해 최소 3개월 치 급여에 해당하는 1천200만 원을 MMF증권사 간접투자에 적립해 놓는다. 또 3년 이후에 일부 상환해야 하는 주택담보 대출금을 마련하기 위해 3년 만기 상호저축은행 적금 상품과 3년 정도 되는 적립식 펀드에 가입한다. 또 자녀의 교육자금과 연금자산을 확보하기 위해 많지는 않지만 자녀 명의로 각각 20만 원씩 어린이 펀드와 어린이 변액유니버셜 상품을 들고, 연금자산으로는 남편 명의로 된 연금저축 펀드에 35만 원과 변액연금 35만 원을 준비한다. 어차피 길게 생각하는 것인 만큼 너무 큰 금액을 설정하지는 않고 가끔 남편의 상여금이 생길 때마다 추가로 납입할 수 있는 변액연금을 설계한 것에 만족한다. 물론 정해진 수입을 생각할 때 조금 빠듯한 살림살이가 예상되지만, 그래도 단기·중기·장기자금에 대한 어느 정도의 계획은 세운 것으로 여겨진다.

### 연령별 재무목표

재무목표를 세울 때 개인마다 각기 다를 수 있지만 대부분의 사람들에게 나타나는 인생의 사건과 연계하여 구분하면 일반적인 재무적 관심사에 공통점을 찾는 데 도움이 될 것이므로 각 연령별 재무적인 이슈와 주요 재무목표에 대해 생각해보겠다.

## 1. 20대 사회 초년기

이 시기의 주요 이슈는 졸업, 취직, 결혼, 능력개발이다. 따라서 재무목표는 결혼자금 마련, 전세자금 마련, 취업 후 홀로서기에 필요한 자금 마련이 될 것이다. 이 시기에는 주거래은행을 정한다거나 저축 플랜이나 장기적인 비과세저축 가입을 고려해보아야 한다. 이를 위해서는 자금 마련 외에도 재무설계에 대한 꾸준한 학습이 필요하다.

## 2. 30대 결혼 신혼기

이 시기의 주요 이슈는 결혼생활, 자녀출산, 육아, 자녀교육이다. 육아와 자녀교육에 필요한 자금, 비상예비자금, 신용카드부채 상환에 대한 재무목표를 설정해서 미리미리 준비를 해두는 것이 바람직하다. 또 이 시기에는 주택이나 자동차 구입을 위한 준비도 할 수 있다. 합리적 소비 지출 외에도 주택청약·보험·개인연금 가입, 세제혜택 상품 가입 등 장기저축 계획을 시작해야 한다.

### 3. 40대 자녀 성장기

이 시기에는 자녀교육과 재산형성에 대한 관심이 집중된다. 따라서 자녀의 대학입학으로 인한 현실적인 자녀교육비 마련 외에도 주택 규모 확장 자금, 혹은 자녀의 결혼자금, 은퇴자금 마련이라는 재무 목표가 설정되어야 할 것이다. 따라서 은퇴 후를 고려한 전문가와의 상담을 통해 보험이나 연금을 통해 현실적인 계획을 세워야 한다. 또 창업이나 상속, 증여에 대한 부분도 고려해보아야 한다. 일생 중 비교적 가장 소득이 많은 때이므로 재산증식과 자산배분, 세금상담을 통해 안정적인 은퇴자금을 확보하는 것이 가장 중요하다.


### 4. 50대 가족 성숙기

이 시기의 주요 이슈는 자녀결혼, 은퇴 및 노후생활준비가 된다. 기존에 들고 있었던 의료 · 건강보험에 대한 점검과 투자 · 연금상품에 대한 점검이 필요할 뿐 아니라 상속자산, 유언장 등과 같은 상속 준비를 해야 한다. 특히 노후생활을 대비해서는 재무적인 부분뿐만 아니라 건강 등 비재무적인 부분에도 관심을 갖고 미리 준비를 해야 하는데 제2의 인생을 활기차게 살기 위한 취미생활과 새로운 취업에 대한 대비가 그것이다.

이와 같이 각 연령별의 주요 이슈를 파악하고 유용성 있는 재무계획을 수립하는 방안을 모색하고 실행한다면 필요한 자금을 당황하지 않고 준비할 수 있을 것이다.


**부채가 많을 때 저축하는 것이 현명한 방법일까?**

이 책을 읽고 있는 대부분의 독자들은 이런 의구심이 들 수도 있다. 이미 대출이 많이 있고 상환도 못 하고 있는 입장에서 이런 재무계획들이 효과가 있을지에 대한 고민들이다. 대출을 먼저 상환하는 게 저축하는 것보다 낫지 않을까?

일반적인 주택을 소유한 가정이라면 주택담보대출이 있게 마련이다. 현재 한국의 담보대출 규모는 300조 원 가까이 된다고 한다. 대출이자에 대한 부담이 모든 가정에 있다고 해도 과언이 아니다. 이렇게 된 데에는 수도권 전셋값이 천정부지로 올라간 탓이 크다. 비싼 전세를 얻으니 차라리 무리가 되더라도 내 집을 장만하겠다는 사람들이 늘어난 것이다. 상황이 이렇다 보니 담보대출을 일반적으로 거쳐야 하는 과정으로 생각하는 경우가 많아졌다. 300조 원에 달하는 가계담보대출의 금리가 1%만 상승한다고 해도 3조 원의 이자 부담이 생긴다. 이쯤 되면 정말 대출에 대한 부담 때문이라도 저축을 해야 하는 것인지 고민하지 않을 수가 없다.

기업의 대차대조표나 개인의 재무상태표를 표시할 때 부채의 항목은 자산에 포함된다. 긍정적으로 보면 부채도 총자산의 일부라고 생각할 수가 있는 것이다. 하지만 자신의 순자산을 계산할 때는 [총자산 − 부채=순자산] 형식으로 계산한다. 매달 지출해야 하는 이자에 대한 스트레스가 심하면 인생 자체를 비관할 수밖에 없다. 어떤 사람은 빚을 지는 것 자체를 용납하지 못해서 돈만 모이면 대출부터 갚겠다는 생각을 한다.

30대에 주택담보대출을 받았다면 40대 후반 정도가 되면 대출의 80% 정도를 갚게 될 것이다. 어느 정도 빚을 갚았으니 저축을 해볼까 싶지만 자녀들 대학 입학, 결혼 등이 닥치면서 은퇴자산은 꿈도 못 꾼 채 큰일들을 치르면서 근근이 살아간다. 그러다 보면 딸랑 한 채 있는 집이 자산의 전부가 되고 만다. 물론 주택담보대출을 아예 생각하지 말라는 말은 아니다. 상환계획과 함께 단계별 재무목표를 세워야 한다는 것이다.

부동산의 경우 물가상승률에 따라 가격이 상승할 수도 있다. 즉, 부동산 가격 상승분은 현재 내가 내고 있는 대출이자와 상쇄될 수 있다고 봐야 한다. 대출원금은 후에 주택을 매매하는 것으로 해결하면 된다. 대출이자 자체를 생활비의 일부라고 마음 편하게 생각할 수도 있는 것이다. 하지만 원리금균등분할 상환을 선택한 가정은 그럴 수가 없다. 내달 이자에 일정 액수의 원금의 일부를 함께 상환해야 하기 때문이다. 대부분의 근로소득자들은 소득공제혜택 때문에 이 방식을 선택하지만, 빠듯한 월급에서 이는 큰 부담이 아닐 수 없다. 물가는 계속 오르는데 급여는 제자리걸음을 하는 현실을 생각하면 더 답답하다. 이런 경우 필자는 '3년 거치식 대출'로 이자만 납부하는 대출을 권한다. 그리고 3년 후에는 보다 유리한 조건의 대출로 갈아타는 것이다.

대출금을 빚, 즉 짐으로만 생각해도 문제지만 대출받은 금액을 내 돈이라고 생각하는 것도, 대출금을 내 돈으로 만들겠다고 생각하는 것도 나를 피곤하게 만드는 일이다. 혹시라도 그런 생각을 갖고 있다면 차라리 전세로 살면서 재무설계를 받아 단계별 저축 계획을 세우기를 바란다.

이전 부동산 경기가 좋을 때는 주택담보대출 비율이 70% 이상이었기 때문에 시세 차익을 노리고 매입했다 팔기만 해도 부를 증대시킬 수 있었다. 강남의 어떤 이는 주택을 100채 가까이 매입해 부를 축적했다고도 한다. 자신의 돈이 아닌 은행의 담보대출을 활용한 공격적인 투자에 성공한 경우라고 할 수 있다. 이렇게 적은 비용으로 큰 효과를 얻는 것을 '레버리지 효과', 즉 '지렛대 효과'라고 한다.

결론적으로 말해 대출에 지나치게 연연하면 미래에 대한 큰 그림을 그리는 것이 제한적일 수밖에 없다. 이자를 생활비용으로 생각하고 장기적인 안목과 계획을 잘 수립해 실천해나갈 때 재무적인 목표를 달성할 수 있을 것이다.

자, 돈에 대한 계획과 목표를 세웠다면 실행하기에 앞서 금융에 관련한 일반적 상식에 대한 안목을 넓혀보자. 한 가지씩 실행해나가다 보면 재무의 목표를 완성시킬 수 있을 것이다.

차 례 ● CONTENTS

들 어 가 는 말 | 4
프롤로그 돈은 찬스다 | 9

0 0 1  통장 쪼개기 | 28
0 0 2  비상예비자금 | 31
0 0 3  CMA | 32
| CHECK POINT | 금융권 금리 비교 | 34
0 0 4  머니마켓펀드 | 36
0 0 5  코스피 지수 | 38
0 0 6  홈트레이딩시스템 | 40
0 0 7  직접투자와 간접투자 | 43
| CHECK POINT | 유가증권 | 45
0 0 8  자기자본이익률 | 46
0 0 9  주당순이익 | 47
0 1 0  주가수익비율 | 48
0 1 1  주당순자산 | 49
0 1 2  주가순자산비율 | 50
0 1 3  현금흐름배수 | 52
0 1 4  주가매출액비율 | 53
0 1 5  매출액 영업이익률 | 54
0 1 6  부채비율 | 55
0 1 7  유동비율 | 56

0 1 8  고스트에버리싱 효과 | 57

0 1 9  펀드 | 60

0 2 0  펀드의 운용 | 62

0 2 1  증권형펀드 | 65

0 2 2  부동산펀드 | 67

0 2 3  원자재펀드 | 69

0 2 4  인프라펀드 | 71

0 2 5  가치주펀드 | 73

0 2 6  성장주펀드 | 74

0 2 7  인덱스펀드 | 75

0 2 8  자산운용보고서 | 77

0 2 9  파생금융상품 | 80

| LEVEL UP-01 | 파생상품의 기능성 | 82

0 3 0  주가연계증권 | 83

0 3 1  상장지수펀드 | 86

0 3 2  랩어카운트 | 90

0 3 3  채권 | 92

0 3 4  신용등급 | 95

0 3 5  금리 | 98

| LEVEL UP-02 | 물가 등락 현상 | 100

| LEVEL UP-03 | 명목금리와 실질금리 | 100

0 3 6  복리의 효과 | 101

0 3 7  72의 법칙 | 106

0 3 8  연금자산 | 108

0 3 9  국민연금 | 111

| LEVEL UP-04 | 국민연금 임의가입자 3년 새 7배 | 114

0 4 0  퇴직연금 | 115

0 4 1  개인연금 | 117

0 4 2  즉시연금보험 | 119

0 4 3  주택연금 | 121

0 4 4 　확정금리형 상품과 실적배당형 상품 | **124**

0 4 5 　1%의 비밀 | **126**

0 4 6 　인터넷뱅킹 | **128**

| LEVEL UP-05 | 홈뱅킹의 종류 | **129**

0 4 7 　월급통장 | **130**

0 4 8 　예금자보호제도 | **132**

0 4 9 　이자소득세 절세 | **136**

0 5 0 　장기주택마련저축 | **138**

0 5 1 　표면금리와 실질금리 | **139**

0 5 2 　COFIX 금리 | **142**

0 5 3 　은행의 안정성, 자기자본비율 | **145**

0 5 4 　주택종합청약저축 | **147**

0 5 5 　주택 마련 | **150**

0 5 6 　보금자리주택 | **153**

| LEVEL UP-06 | 2018년 150만 호 목표는 어떻게 달성되나? | **155**

0 5 7 　교육비 마련 | **156**

0 5 8 　보장자산 | **158**

0 5 9 　경험생명표 | **161**

0 6 0 　보험용어 정리 | **163**

0 6 1 　종신보험 | **165**

0 6 2 　정기보험 | **168**

0 6 3 　변액보험 | **170**

0 6 4 　변액연금보험과 변액유니버셜보험 | **172**

0 6 5 　어린이 변액유니버셜보험 | **175**

0 6 6 　공시이율과 예정이율 | **178**

0 6 7 　방카슈랑스 | **180**

0 6 8 　손해보험과 생명보험 | **182**

0 6 9 　어린이보험 | **184**

0 7 0 　의료실비보험 | **186**

0 7 1 　자동차보험 | **188**

072 화재보험 ┃ 192

073 체크카드 ┃ 194

074 소득공제 ┃ 196

075 계속 점검 ┃ 204


**목차 색인** ┃ 207

The mint makes it first, it is up to you to make it last.

돈을 처음 만드는 것은 은행이지만 오래 쓰는 것은 당신 몫이다.

— 에반 에사르

# 001 • 통장 쪼개기

부자가 되기 위해서는 돈을 많이 버는 것도 중요하지만 지출관리를 어떻게 하느냐가 더 중요하다. 특히 사회초년생에게 통장관리를 어떻게 하느냐는 매우 중요한 일이 된다. 월급이 입금되기 시작하면서 어떤 저축습관과 소비습관이 형성되느냐에 따라 미래가 결정되기 때문이다.

한정된 자금으로부터 부를 축적하기 위해서는 월급 이외에 부수적인 소득원을 만드는 게 중요하다. 이는 다른 부업을 하라는 것이 아니다. 여기에서의 부수적인 소득이란 이자소득이나 투자수익 같은 금융소득을 말한다.

이러한 금융소득을 얻기 위해서는 어느 정도의 종잣돈이 필요하고, 종잣돈을 만드는 가장 쉬운 방법은 바로 '통장 쪼개기'를 하는 것이다. 통장 쪼개기란 간단히 말하면 돈의 흐름을 투명하게 해서 불필요한 지출을 줄이고 저축액을 늘리는 것이다.

통장 쪼개기는 일반적으로 통장을 3~5개로 나누는 것인데, 원칙이 있다기보다는 본인의 재무 목표나 수입에 따라 그 수를 달리하면 된다.

여기에서는 통장을 네 개로 쪼개는 것에 대해 설명하고자 한다.

우선 급여통장이다. 급여를 받으면 대출이자, 공과금, 보험료 등 고정지출의 여러 항목들이 자동이체로 빠져나가게 한다. 그리고 지출이 끝난 후의 남은 돈을 저축통장으로 이체한다. 이 돈들은 청약종합저축, 적립식 펀드, 변액유니버셜보험 등 투자 목적의 금융상품에 자동이체를 하기 위해 사용된다. 여기에서 다시 이체가 완료 되면 이제는 체크카드와 연계된 소비통장으로 돈을 옮긴다. 이때 'CMA 통장'을 사용하면 은행권보다는 이자수익을 조금 더 볼 수 있다. 소비통장에서 하는 소비는 변동지출로서 식비나 교통비, 의류비, 여가비 등이 있는데 어떤 소비를 하느냐에 따라 잉여자금을 기대할 수도, 그렇지 않을 수도 있다.

이와 같은 방법으로 다음 급여 날까지 알뜰하게 지출관리를 했다면 이제는 미래에 내가 하고 싶은 일을 하기 위한 드림통장으로 남을 돈을 이체한다. 드림통장은 해외여행을 간다든지 아니면 최신형 스마트폰을 산다든지 좀 크게는 자동차를 사는 데 필요한 자금이나 여성의 경우 성형수술에 필요한 자금처럼 약간의 고액자금을 모

으는 통장이다. 몇 개월을 차곡차곡 모은다면 나의 꿈을
실현시키게 되는 것이다.

일반적으로 대부분의 사람들은 일단 신용카드로 산
다음에 할부를 이용해 매달 갚아나가는 방식을 취하고
있다. 하지만 통장 쪼개기 방식을 적용해서 불필요한 과
소비와 부채를 줄이는 등의 스마트한 지출을 실행해간
다면 종잣돈을 모으는 것이 보다 쉬울 것이다.

**통장관리**

| 급여통장 | 대출이자, 공과금, 보험료 등 고정 지출 |
|---|---|
| 저축통장 | 청약종합저축, 적립식 펀드, 변액유니버셜보험 등 투자 목적의 금융 |
| 소비통장 | 식비, 교통비, 의류비, 여가비 등 변동 지출 |
| 드림통장 | 미래에 내가 하고 싶은 일을 하기 위해 모으는 고액 자금 |

통장 쪼개기를 통한 목돈 마련은 사회초년생들에게만
국한된 제안이 아니다. 중견급 월급쟁이들이나 사업가
들에게도 유용한 방법이다. 한편 이 방법이 효과를 거두
기 위해서는 가급적 신용카드 사용을 자제해야 한다.

| | |
|---|---|
| **MMW형** | 이자가 일일 복리로 계산되는 상품이다. 수익률이 가장 낮지만 예치하는 기간이 길면 길수록 유리하다. |
| **종금형** | 가입 기간에 따라 금리가 차등 적용되는 상품이다. 또 다른 상품이 예금자보호가 안 되는 것에 비해 종금형은 한도가 5천만 원까지라는 장점이 있다. |

CMA는 보통 증권회사에서 가입하게 되는데, 고객의 특별한 요청이 없는 경우 일반적으로 RP형으로 가입된다.

# 금융권 금리 비교

## 수시입출금 CMA 최고 금리 비교표

| 번호 | 금융기관 | 세전 금리 (%) | 세후 수령액 (100만 원 1개월 예금 시) |
|---|---|---|---|
| 1 | 인천 모아저축은행 (구 한서) | 3.50 | 1,001,433원 |
| 2 | 금호종합금융 | 3.50 | 1,002,433원 |
| 3 | 메리츠종금증권 | 3.40 | 1,002,364원 |
| 4 | 우리투자증권 | 3.40 | 1,002,364원 |
| 5 | 대신증권 | 3.40 | 1,002,364원 |
| 6 | 동양증권 | 3.40 | 1,002,364원 |
| 7 | 동부증권 | 3.35 | 1,002,329원 |
| 8 | 금호종합금융 | 3.30 | 1,002,294원 |
| 9 | 신영증권 | 3.30 | 1,002,294원 |
| 10 | 대우증권 | 3.30 | 1,002,294원 |
| 11 | NH투자증권 | 3.30 | 1,002,294원 |
| 12 | 한화 | 3.25 | 1,002,259원 |
| 13 | 하이투자증권 | 3.25 | 1,002,259원 |
| 14 | 교보증권 | 3.25 | 1,002,259원 |
| 15 | HMC투자증권 | 3.25 | 1,002,259원 |
| 16 | 미래에셋증권 | 3.20 | 1,002,225원 |
| 17 | 삼성증권 | 3.20 | 1,002,225원 |

| 18 | 대우증권 | 3.20 | 1,002,225원 |
|---|---|---|---|
| 19 | 우리투자증권 | 3.20 | 1,002,225원 |
| 20 | 한국투자증권 | 3.20 | 1,002,225원 |
| 21 | 신한금융투자<br>(구 굿모닝신한) | 3.20 | 1,002,225원 |
| 22 | 동양증권 | 3.20 | 1,002,225원 |
| 23 | 현대증권 | 3.20 | 1,002,225원 |
| 24 | 대신증권 | 3.15 | 1,002,190원 |
| 25 | 동양증권 | 3.00 | 1,002,086원 |

\* 2012년 6월 19일 기준

# ● 머니마켓펀드
004
MMF

MMFMoney Market Fund는 만기 30일 이내의 초단기 금융상품이다. 투자신탁회사가 고객들의 자금들을 모아서 펀드를 구성한 다음 금리가 높은 만기 1년 미만의 기업어음이나 양도성예금증서, 콜 등 주로 단기금융상품에 집중 투자하여 얻은 수익을 고객에게 되돌려준다. 이때 고객은 MMF에 가입한 날의 펀드기준가와 출금한 날의 펀드 기준가 차액만큼의 이익을 본다. 소액이어도 가능하며, 하루만 돈을 예치해놓아도 펀드운용 실적에 따라 이익금을 받을 수 있다. 또한 환매수수료가 붙지 않는다. 따라서 단기자금을 운용하는 데 적합한 상품이다. 국공채 전용 MMF도 있는데, 수익률은 다른 MMF보다 비교적 낮지만 안정성을 추구한다면 눈여겨볼 만하다.

MMF는 미국 최대 증권사인 메릴 린치Merrill Lynch가 1971년 개발한 상품으로 금리자유화가 본격화됐던 80년대에 선풍적인 인기를 끌었다. 한국에서는 1996년 10월부터 투신사에서 판매하기 시작해 지금까지 이어지고 있으며, 단기적인 금융상품인 CMA와 같이 은행이나 증권회사에서 편하게 가입을 할 수 있다. 신종 MMF는 가입 후 언제든지 환매가 가능하고, 이 펀드에 편입된 채권의 신용평가등급은 'BBB-' 이상이다. 클린 MMF는 가입한 후 1개월이 경과해야 환매가 가능하다. 또 'A-' 이상으로 제한되거나 투자 중인 채권의 평가등급이 'BBB+' 이하로 떨어지게 되면 1개월 이내에 그 채권을 처분해야 한다.

단기자금을 활용하는 데 있어서 MMF는 매우 좋은 수단일 수 있지만 각 펀드에 투입되는 채권의 신용도나 안정성을 잘 고려해서 가입하는 것이 현명하다.

# 005 ● 코스피 지수

KOSPI

코스피 지수KOSPI: Korea Composite Stock Price Index는 한
국 증권시장에 상장된 기업들의 주식변동의 기준시점과
비교시점을 비교해 매일 공시하는 지표다. 한국 주식의
전반적인 동향을 가장 잘 나타내는 대표적인 지수라고
할 수 있다. 동대문시장이나 남대문시장에서 옷이 얼마
나 잘 팔리고 있는지를 알기 위해서는 각 가게들의 팔린
거래수를 종합해 처음 시장을 오픈했을 때와 비교한 것
을 수치화하면 되는데, 코스피 지수라는 것도 이와 비슷
하다 할 수 있다. 미국의 다우존스 지수나 나스닥 지수,
일본의 니케이 지수, 중국의 상하이 지수나 홍콩의 항셍
지수도 이와 비슷한 개념이다.

한편 코스닥은 등록심사기준이 까다로운 코스피에 비
해 비교적 덜 까다로운 조건으로 가입상장시켜 주기 때
문에 벤처기업이나 규모가 상대적으로 작은 기업들이
거래하는 시장이라고 보면 이해하기가 쉬울 수 있다.

지수가 어떻게 계산이 되는지 간단히 살펴보면 다음

과 같다.

1980년 1월 4일을 기준시점으로 해서 이날의 코스피 지수를 100으로 정한 후 개별종목의 주가에 상장주식수를 가중한 기준시점의 시가총액과 비교시점의 시가총액을 대비하여 산출하는 것이다.

$$\text{코스피 지수} = \frac{\text{비교시점의 시가총액}}{\text{기준시점의 시가총액}} \times 100$$

코스피 지수가 오르고 내리는 것은 가장 중요한 수요와 공급적인 차이로 인한 것이기도 하지만 금리, 환율, 유가, 해외의 여러 가지 경제동향에도 원인이 있다. 따라서 경제신문이나 뉴스를 통해 코스피 지수의 변동 이유를 파악해본다면 주식투자나 펀드투자를 하는 데 실질적 도움이 될 것이다.

# 홈트레이딩시스템
## HTS

개인 투자자가 객장에 나가지 않고 집이나 사무실에서 인터넷에 접속한 데스크탑을 이용해 주식거래를 할 수 있는 프로그램을 홈트레이딩시스템Home Trading System이라고 한다. 약자로 'HTS'라고 한다. 매매는 물론 정보 검색까지 다양하게 활용할 수 있다.

과거 초기에는 시세를 보여주고 주문을 하는 기능밖에 없었지만, 현재는 각종 지표분석부터 매매시점을 판단하는 상담까지 이루어지고 있다. 그중에서도 특히 각 종목의 등락에 따른 매매 조건을 입력해놓으면 자동적으로 매매를 진행하는 시스템트레이딩 기능이 중점적으로 개발되고 있다.

HTS를 이용할 때 파악해두면 좋은 기본적인 용어는 다음과 같다.

**매수:** 보유할 주식을 사기 위한 주문

**매도:** 보유한 주식을 팔기 위한 주문

**상한가:** 하루 동안 최대 상승할 수 있는 가격

**하한가:** 하루 동안 최대 하락할 수 있는 가격

**시가:** 장 개시 시점(오전 9시)에 형성된 가격

**종가:** 장 종료 시점(오후 3시)에 형성된 가격

**고가:** 장중에 가장 높았던 가격

**저가:** 장중에 가장 낮았던 가격

**매수호가:** 사람들이 사려고 하는 최고가격

**매도호가:** 사람들이 팔려고 하는 최저가격

**보통가:** 주문 단가를 주문자가 지정하는 방법

**시장가:** 주식 시장에서 형성되는 가격으로 즉시 체결되기 원할 때 이용하는 방법

**전일대비:** 그 전날에 비해서 주가가 오르고 내린 폭

**거래량:** 당일 거래된 주식의 수

**거래대금:** 당일 거래된 주식의 총 거래금액

**정정:** 매도 혹은 매수 주문의 가격이나 수량을 수정

**취소:** 매도, 매수와 같은 주문을 취소

**예수금:** 주식계좌에 남아 있는 현금

**증거금:** 주식거래 시 최소한으로 있어야 하는 현금

**미수금:** 증거금이 있을 시 증권사에서 빌려 주식을 살 수 있게 하는 금액

**일봉/주봉/월봉:** 하루/5일/한달(20일) 동안에 거래를 시가, 종가, 고가, 저가를 봉으로 나타낸 것

**5/10/20/60/120일선:** 각 기간 동안의 평균가격, 이동평균

선이라고 하는데 주가의 과거의 평균적 수치를 장래의
예측에 활용

주식을 매매할 때 매매수수료가 보통 0.5% 정도 되는
데, HTS는 수수료가 상대적으로 낮다. 증권사마다 조금
씩의 차이는 있지만 0.015~0.1%까지 차이가 난다. 이
는 다시 말해 증권회사 직원을 통해 일임매매를 하거나
증권회사에서 매매거래를 하게 되면 수수료를 그만큼
많이 내야 한다는 말이 된다이 외에도 주식매도 시 증권거래세
0.3%가 차감된다.

HTS는 주식을 이해하고 장기적인 가치투자를 목적으
로 하는 방향에서 아주 유용한 시스템이라는 것은 확실하
지만 단기투자를 목적으로 할 때는 조심할 필요가 있다.

최근에는 MTSMobil Trading System을 이용해 스마트폰으
로 주식거래를 쉽게 할 수 있는 시스템이 개발되어 상용
화되었는데, 비중이 점점 더 높아지고 있는 실정이다.

# 007 ● 직접투자와 간접투자

　직접투자는 투자자가 스스로 판단하여 주식이나 채권 등의 유가증권이나 부동산 등에 직접 투자하는 방식으로서 누군가에게 의지하지 않고 스스로의 결정과 판단에 의한 투자인 만큼 투자적인 위험을 혼자 감당하게 된다. 반면 차감될 만한 다른 비용이 없기 때문에 그만큼 수익을 얻을 수 있기는 하다. 주식이나 여러 유가증권에 대한 이해와 지식과 정보가 많다면 나쁘지 않은 방법이다. 하지만 남의 말만 듣고, 또는 자신의 느낌만으로는 절대 수익을 볼 수 없다.

　간접투자는 투자전문가에게 돈을 맡겨 대신 투자하게 하는 방식으로서 가장 대표적인 것이 펀드다. 펀드를 운용하는 펀드매니저는 투자 관련 분야의 전문 지식과 경험이 풍부하기 때문에 개인이 직접 투자했을 때보다 위험이 상대적으로 적다. 그렇다고 모든 간접투자가 절대 수익을 가져다주지는 않는다. 단지 위험을 분산시킬 수 있는 상황이나 적정한 투자수익을 원한다면 시도해볼 만한 투자방식이라고 할 수 있다.

직접투자와 간접투자 중 어떤 방법이 더 낫다고 짚어서 말할 수는 없다. 안정적인 측면으로는 간접투자가 낫고, 수익률 측면으로는 직접투자가 낫기 때문이다.

전문가에게 어떤 투자를 맡길지 아니면 직접 투자할지는 개인적으로 판단할 문제이긴 하지만, 전문가만큼의 지식과 경험이 없다면 본인은 본업에 충실하고 투자는 전문가에게 맡기는 편이 현명하지 않을까 한다.

**직접투자와 간접투자의 차이점**

| 구분 | 내용 | 추가 비용 | 특징 |
|------|------|-----------|------|
| **직접투자** | 투자자가 스스로 판단하여 직접 투자하는 방식 | 없음 | 수익률 높음 |
| **간접투자** | 투자전문가에게 돈을 맡겨 대신 투자하게 하는 방식 | 수수료 | 안정적 |

# 유가증권

    유가증권이란 일정한 금전이나 화물 등 경제적 가치가 있는 물건에 대해 청구할 수 있는 권리가 표시된 증서, 즉 상법상의 재산권을 표시하는 증서를 말한다. 유가증권은 경제적 성질에 따라 물품증권, 화폐증권, 자본증권으로 구분되는데 그중에서도 시중에서 널리 쓰이는 화폐증권과 유가증권에 대해 알아둘 필요가 있다.

## 대표적인 유가증권

| 화폐증권 | 수표 | 은행에 당좌 예금을 가진 사람이 수령인에게 일정한 금액을 줄 것을 은행 등에 위탁하는 유가증권 |
|---|---|---|
| | 어음 | 일정한 시기에 일정한 장소에서 일정한 금액을 지불하겠다고 약속한 유가증권 |
| 자본증권 | 주식 | 주식회사의 자본을 이루는 단위로서의 금액 및 이를 전제로 한 주주의 권리 · 의무 |
| | 채권 | 정부, 공공단체와 주식회사 등이 일반인으로부터 비교적 거액의 자금을 일시에 조달하기 위해 발행하는 차용증서 |

● 자기자본이익률

ROE

-투자를 위한 중요한 지표

자기자본이익률Return On Equity은 수익과 관련된 대표적인 지표로서 'ROE'라고도 한다. 주주들이 투자한 돈을 얼마나 잘 굴렸는가를 나타내주는 지표라 할 수 있다.

$$ROE = \frac{당기\ 순이익}{평균\ 자기자본}$$

자기자본이 1만 원이고 당기 순이익이 1천 원일 때 ROE는 10%가 된다. 주주들이 1천 원을 이 회사에 투자했을 때 100원을 벌었다는 의미다. 이 경우 은행에 예금을 해서 5% 내외의 이자를 얻는 것보다는 많은 이익을 얻을 수 있다. ROE가 높은 기업일수록 더 많은 수익을 얻게 된다.

물론 이 수치가 무조건 높다고 다 좋은 것은 아니다. PER, PBR과 같은 지표를 모두 확인한 후 판단해야 한다. 한편 자기자본이익률은 각 증권회사 프로그램, 즉 HTS에서 누구나 쉽게 확인할 수 있다.

# 009 주당순이익

## EPS

EPSEarning Per Share는 당기 순이익을 발행주식 수로 나눈 것으로서 기업이 1년 동안 장사를 해서 벌어들인 돈이 1주당 얼마인지를 나타내는 지표다.

$$EPS = \frac{\text{당기 순이익}}{\text{발행주식 수}}$$

어떤 회사의 1년 동안의 순이익이 1만 원이고 총 주식 수가 1천 주라면 EPS는 10원이 된다. 따라서 EPS가 높을수록 주식의 투자가치는 높다고 볼 수 있다. 또한 EPS가 높다는 것은 경영실적이 양호하다는 의미이자 그만큼 배당 여력도 많다는 의미다. 이렇듯 EPS는 주가에 긍정적인 영향을 미친다.

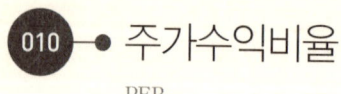

# 주가수익비율
## PER

-투자를 위한 중요한 지표

PERPrice Earning Ratio는 주가를 EPS로 나눈 값으로서 주가 수준을 나타내는 가장 대표적인 지표다.

$$PER = \frac{주가}{EPS}$$

주가를 EPS로 나누면 주식 1주가 1년 동안 벌어들인 돈에 비해 얼마나 높게 팔리는가를 알 수 있다. 따라서 PER가 10이라고 하면 주식 1주가 수익에 비해 10배 비싸게 팔리고 있다는 의미가 된다.

또한 PES는 어떤 회사가 지금과 같은 수준으로 계속 돈을 벌 경우, 1주당 벌어들이는 금액이 현재 주가만큼 되려면 몇 년이 걸릴 것인가를 계산한 것과도 같다. 이 경우 PER 값이 낮을수록 저평가된 주식이라는 의미가 된다. 다시 말하면 앞으로 오를 가능성이 높다는 말이다. 그만큼 투자 가치가 있다고 볼 수 있다.

**011** ● 주당순자산
BPS

BPS<sub>Book-value Per Share</sub>는 주주가 보유하고 있는 주식 1주당 그 기업의 실제적인 자산가치가 얼마나 되는가를 나타내는 지표다. 만약 기업이 어떤 사유로 문을 닫게 되면 기업은 기업자산을 현금화하여 채권자와 주주에게 반환을 해야 하는데, 이때 그 기업의 주주로서 내가 받을 수 있는 보상의 정도를 BPS로 파악할 수 있다.

$$BPS = \frac{\text{순자산(자기자본)}}{\text{발행주식총수}}$$

주당순자산이 높다는 것은 자기자본의 비중이 크고 실제 투자가치가 높다는 것을 의미한다.

또한 BPS는 기업 내용의 충실도와 직결될 뿐 아니라 자산충실도가 주가에 얼마나 반영되어 있는지에 대한 척도가 된다.

# 012 ● 주가순자산비율
### PBR

-투자를 위한 중요한 지표

    주가순자산비율PBR: Price Book-value Ratio은 주가를 1주당 순자산, 즉 BPS로 나눈 것으로 주가가 1주당 순자산의 몇 배로 매매되고 있는가를 표시하며 PER과 같이 주가의 상대적 수준을 나타낸다. 주가가 순자산에 비해 1주당 몇 배로 거래되고 있는지를 측정하는 지표라 할 수 있다.

    기업의 자산 총액에서 부채 총액을 뺀 다음 순자산가치, 즉 청산가치기업이 문을 닫을 때 남는 자산가치를 계산하고, 이 순자산가치를 주식 수로 나누면 기업이 주당 어느 정도의 자산을 가진 기업인지를 판가름할 수 있는 지표인 주당순자산이 나오는데, 이 수치와 주가를 비교한 것이 PBR이다.

$$PBR = \frac{\text{현재주가}}{BPS}$$

    예를 들어 순자산가치가 100억 원이고 현재 주가가 5천 원인 주식이 100만 주에 달하는 기업의 PBR은 0.5

다. 이 기업은 빌딩이니 땅이니 장비 등 순자산을 다 팔면 100억이 남지만 주식을 팔면 50억 원밖에 남지 않는다. 즉, 청산가치가 주가보다 높다. 이처럼 PBR이 1보다 낮은 경우 주가가 지나치게 저평가됐다고 얘기한다. 반대로 PBR이 1을 넘어가면 기업의 재산보다 시장의 주가가 높이 평가됐다고 말한다. 만약 PBR이 '2'라는 의미는 회사가 망했을 때 100억 원밖에 받을 수 없는 주식이 200억 원에 거래되고 있다는 의미다.

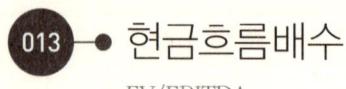

EV/EBITDA

-투자를 위한 중요한 지표

기업가치EV를 세전기준영업현금흐름EBITDA으로 나눈 값도 있다. 여기에서 EV, 즉 기업가치Enterprise Value란 시가총액에 순차입금을 합한 것을 말한다. 또 EBITDA, 즉 세전기준영업현금흐름Earnings Before Interest, Tax, Depreciation and Amortization은 세전 영업이익에 감가상각비 등 비현금성 비용을 합한 것이다.

$$\frac{EV}{EBITDA} = \frac{기업가치}{세전기준영업현금흐름}$$

간단하게 말하면 순수하게 영업으로 현금을 창출해낼 수 있는 능력이 시가총액에 비해서 얼마나 평가되고 있는가를 나타낸 지표다. 이 비율이 작으면 회사의 주가가 기업가치에 비해 저평가되었다고 한다. PER 지표가 낮을수록 주가가 저평가되어 있다고 하는 것과 비슷하다.

만약 EV/EBITDA가 '2'라고 하면 그 기업을 시장가격으로 매수했을 때 그 기업이 벌어들인 이익을 2년이면 회수할 수 있다는 의미가 된다. 그래서 이 지표를 현금흐름배수라고도 한다.

# 수가매출액비율
PSR

014

-투자를 위한 중요한 지표

PSRPrice to Sales Ratio는 종목 시가총액을 주당 매출액으로 나눈 값을 말힌다. 기업의 성장성에 주안점을 두고 상대적으로 저평가된 주식을 발굴하는 데 이용되는 성장성 투자지표다.

$$PSR = \frac{\text{종목 시가총액}}{\text{주당 매출액}}$$

PSR이 낮은 기업일수록 성장잠재력에 비해 주가가 저평가된 것으로 보고, 높을수록 매출액 신장 가능성, 즉 성장가능성이 높은 기업으로 평가한다.

미래의 성장치를 예측하는 것으로서 당장의 수익성보다는 미래가치가 중요시되는 벤처기업이나 코스닥 등록기업의 평가에 유용한 지표로 평가받고 있다.

매출액 영업이익률

Ratio of Operating Profit to Net Sales

-투자를 위한 중요한 지표

매출액 영업이익률은 매출액에 대한 영업이익의 관계를 나타내는 비율이다. 영업이익은 매출이익에서 영업비를 공제해서 계산한다. 따라서 영업 외 활동재무활동의 영향을 받지 않고 영업활동만의 성과를 나타내는 것으로 기업의 주된 영업활동의 능률을 측정하는 기준이 된다.

$$\text{매출액 영업이익률} = \frac{\text{영업이익}}{\text{매출액}} \times 100$$

[*영업이익=매출이익-영업비]

## 016 → 부채비율

Debt Ratio

-투자를 위한 중요한 지표

부채비율은 자본구성의 건전성 여부를 판단하는 대표적인 지표로 기업이 소유하고 있는 재산 중 부채가 어느 정도 차지하고 있는가를 나타낸다. 투자자 입장에서 기업의 안정성을 분석할 때 주로 보는 재무비율이기도 하다.

부채비율이 높으면 부실한 기업으로, 낮으면 안전한 기업으로 판단하는 것이다. 하지만 절대적인 잣대는 아니다. 업종별로 부채의 종류가 다르고 판단기준이 다르기 때문이다.

타인자본으로 사업을 영위하는 금융업일 경우 부채비율에 차이가 있기 때문에 투자자는 기업이 속한 업종에 따라 부채비율에 대한 해석을 달리 해야 한다. 따라서 부채비율을 분석할 때는 업종별 대표종목의 부채비율을 확인하고 그와 비교해서 종목의 부채비율 수준을 파악하는 것이 좋다.

## 017 유동비율
### Current Ratio

-투자를 위한 중요한 지표

유동비율은 부채를 상환할 수 있는 능력을 측정하는 지표로 사용되는데 유동자산을 유동부채로 나누어 산출한다. 유동자산은 빠른 시일 내에 현금으로 전환시킬 수 있는 자산이고, 유동부채는 1년 이내에 만기가 돌아오는 단기부채를 말한다.

$$유동비율 = \frac{유동자산}{유동부채} \times 100$$

유동비율은 만기가 빨리 돌아오는 빚을 자금 압박을 받지 않고 원활하게 갚을 수 있는지 측정하는 지표로 기업의 자금사정을 진단하는 데 사용된다. 유동비율이 높으면 유동부채보다 유동자산이 많다는 의미이므로 그만큼 자금난으로 곤란을 겪을 일이 적다는 말이 된다. 이런 경우 현금비중이 높아 투자나 사업추진도 적극적으로 할 수가 있다. 또한 투자자 입장에서는 투자했을 때 높은 배당을 기대할 수 있다.

# 코스트에버리징 효과

Cost Averaging Effect

매월 일정한 금액을 투자할 때 평균 매입단가가 낮아지는 효과가 나타나는데, 이를 코스트에버리징 효과라고 한다. 코스트에버리징 효과를 이용한 투자방법이 정액분할투자법이다. 간접투자에 있어 가장 중요한 화두라 할 수 있다.

주식에서 많은 수익을 보려면 저점에서 사고 고점에서 파는 것이 가장 유리하다. 하지만 고점과 저점을 정확하게 아는 사람은 없다. 그래서 보통 이 시점을 파악하는 것은 신의 영역들이라고들 한다. 그래서 전문적인 지식이 없는 일반 투자자의 경우에는 투자 자체는 전문가에게 맡기고 매월 일정한 금액을 납입함으로써 평균 매입단가를 낮추는 효과를 볼 수 있다. 주가가 많이 오른다면 나의 자산의 가치 역시 함께 오를 것이기 때문에 유리하고, 주가가 떨어진다고 해도 그만큼 매입 좌수를 확보할 수 있으므로 훗날을 생각하면 역시 유리하다.

예를 들어 총 투자금액이 500만 원이고 이를 5회로

나누어서 투자를 한다고 하자. 1회에는 펀드기준가가 1천 원이어서 1천 좌수를 매입했고, 2회차에는 기준가가 800원이어서 1천250좌수를 매입할 수 있었다. 또 3회차에는 기준가가 500원이어서 2천 좌수를 매입했다. 그런데 4회차에 기준가가 상승해 800원에 거래되면서 1천250좌수를 매입했고, 5회차에 역시 기준가가 1천 원이 되면서 1천 좌수를 매입했다. 이 경우 내가 매입한 총 좌수는 6천500좌수가 되고, 내가 매입한 평균 좌수 가격은 약 770원이 된다. 따라서 내가 얻게 될 최종 수익을 총 보유좌수와 판매할 때의 기준가를 곱한 것이라고 할 때 770원보다 높은 기준가에서 판매하게 되면 일단 수익은 얻게 되는 것이다.

**최종 수익=총 보유좌수×환매 시 기준가**

기준가가 1천 원일 때 환매를 했다면 최종 수익은 [6천500좌수×1천 원], 650만 원이 된다. 즉, 최초의 투자금 500만 원에 대비해서 30%의 초과 수익을 본 것이다.

만약 같은 기간에 500만 원을 일시금으로 투자했다면 5천 좌수를 매입했을 것이고, 기준가가 하락하는 것을 가슴 졸이며 지켜보다가 원래 기준가로 회복되자마자 환매함으로써 겨우 원금만 찾았을 것이다. 그러나 펀

드 수수료도 세해야 하므로 결국 마이너스 수익을 본 것
이 된다.

  한국의 주식시장은 북한이나 미국 등 해외 경제기반
이나 이슈에 직접적인 영향을 많이 받고 있기 때문에 주
식의 등락폭이 크다. 따라서 이러한 시장에서는 코스트
에버리징 효과를 통해 수익을 극대화하는 방법이 비교
적 안정적인 투자법이라 할 수 있다. 다만 환매를 할 타
이밍을 잘 찾아야 한다. 또 너무 욕심을 내지 않고 어느
정도 본인의 목표 수익률에 도달했을 때 환매를 하는 것
이 현명하다.

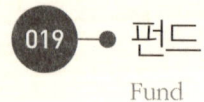

# 펀드
Fund

펀드는 불특정 다수가 돈은 모금해 그 실적을 다시 나누어 주는 성격의 투자기금으로서 국내펀드, 해외펀드, 주식형펀드, 채권형펀드, 혼합형펀드, 성장형펀드, 가치주펀드 등 여러 가지가 있는데, 한국에 약 1만 개 정도의 펀드 종류가 있다고 한다.

길거리에 조그만 모자 하나를 앞에 놓고 악기를 연주하고 있는 이름 없는 음악가가 있다고 하자. 사람들은 연주가 끝난 뒤 그 모자에 감상의 대가로 동전을 넣는다. 한 사람에게는 동전에 불과하지만 모자에 모이면서 이는 제법 큰 단위의 돈이 된다. 이때 음악가 펀드매니저의 입장이 되어 이 돈을 어딘가에 투자했다고 해보자. 그가 나름 자신이 생각하는 주식에 투자했다면 이는 주식형펀드가 되고, 채권에 투자를 했다면 채권형펀드가 되는 것이다. 또한 국내에 투자했다면 국내펀드, 해외에 투자했다면 해외펀드가 되는 것이다.

일반 펀드매니저들은 과거의 데이터와 경험에 비추어 안정적이면서 고수익을 얻을 수 있는 곳에 투자해 예상한 수익을 얻게 되면 수수료를 제한 후 수익을 투사한 금액에 비례해 투자자에게 배분한다. 돈을 많이 넣은 사람에게는 많은 수익이, 적게 넣은 사람에게는 상대적으로 적은 수익이 배분될 것이다. 설사 투자를 했는데, 수익을 내지 못한다 하더라도 펀드매니저에게 책임은 없다.

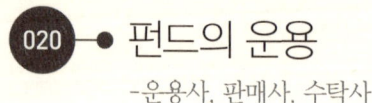

# 020 펀드의 운용

-운용사, 판매사, 수탁사

자산운용사운용사는 펀드를 설계하고 운용하기 때문에 가장 중요한 기관이라 할 수 있다. 여기에서는 펀드매니저라고 하는 전문가가 자산운용을 주로 맡아서 한다. 물론 직접투자를 하는 투자자에게는 자산운용사가 필요 없다. 하지만 본업이 따로 있을 경우, 계속적으로 주식시장이나 채권시장에 대한 관심을 기울이기가 쉽지 않은 경우에는 자산운용사를 이용하는 것이 낫다.

게다가 국내뿐 아니라 해외시장까지도 어느 정도 관망을 해야 하는 요즘의 추세로 보면 직접투자는 결코 쉬운 일이 아니다. 따라서 일정한 비용운용수수료 혹은 운용보수을 지불하고 전문가에게 맡기는 편이 위험 부담이 적다 하겠다. 이때 전문가, 즉 펀드매니저는 유가증권 매매를 지시하는 등 직접 발로 뛰면서 자신이 맡은 펀드가 수익을 잘 낼 수 있도록 최선을 다한다.

펀드 판매회사판매사는 펀드를 기획해서 만든 자산운용사와 투자자를 연결시키는, 즉 투자자에게 펀드를 판매하는 곳이다. 펀드를 가입하고 싶은 사람은 본인의 투자성향에 따라 상품설명을 들은 후 판단해서 펀드를 선택하게 된다. 판매회사는 판매보수를 받고 투자자에게 펀드를 권유하는데, 나중에 펀드를 환매할 때도 판매회사를 통해서 하게 된다. 이런 역할을 하는 곳으로는 보통 은행, 증권회사, 보험회사가 있다.

자산운용사와 판매회사가 같은 계열회사나 혹은 자회사로 이루어진 곳이 많다. 미래에셋자산운용사에서 만든 펀드는 미래에셋증권에서 판매가 되는 것이 그 예다. 물론 미래에셋의 펀드를 삼성증권이나 대우증권에서도 판매하며, 은행에서 판매하기도 한다.


수탁회사수탁사는 펀드에 들어오는 자금을 보관하게 되는 업무를 한다. '간접투자 자산운용법'에 의하면 운용사나 판매사는 자금을 가질 수 없다. 이는 금융사고를 사전에 차단하기 위해서다. 때문에 수탁회사에서 자금을 보관하게 되는데, 수탁회사는 보통 은행이 맡아서 하고 있다. 은행은 투자자의 자금을 별도 계정에 따로 보관하고 있다가 펀드매니저의 지시에 따라 돈을 내주고 받고 하는 것이다.

## 펀드의 운용

| | |
|---|---|
| **운용사** | 펀드를 기획하고 만드는 기관 |
| **판매사** | 운용사에서 만든 펀드를 투자자에게 판매하는 기관 |
| **수탁사** | 펀드에 들어오는 자금을 보관하는 기관 |

펀드는 예금자보호가 안 되는 상품이다. 때문에 위험하다고 생각할 수도 있지만 자산운용사, 판매회사, 수탁회사 세 곳이 역할을 나눠 관여하기 때문에 오히려 더 안전하다고 볼 수 있다.

— 증권형펀드

　증권형펀드는 가장 일반적인 투자로서 주식형펀드나 채권형펀드 외에도 채권과 주식이 혼합되어 있는 주식 혼합형펀드 역시 증권형펀드에 속한다.

　이들을 구분하는 기준은 다음과 같다. 주식 비중이 60% 이상일 경우 주식형펀드라고 하고, 채권 비중이 60% 이상이면 채권형펀드라고 한다. 또 주식 50% 이상에 채권이 포함되어 있으면 주식혼합형펀드, 반대로 채권 50% 이상에 주식이 포함되어 있으면 채권혼합형펀드라고 한다.

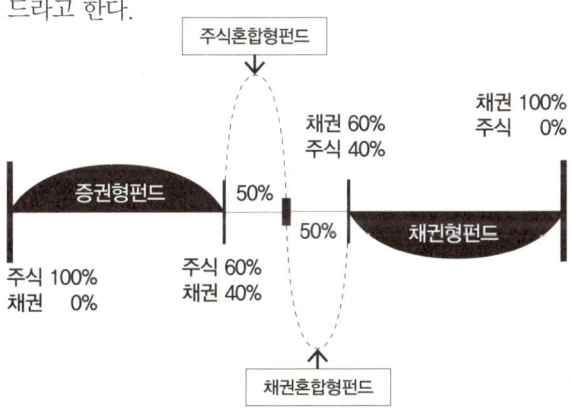

아무래도 주식 비중이 높을수록 수익도 높아질 수 있지만 위험도 그만큼 커질 수 있다는 점을 고려해야 한다.

# 022 ● 부동산펀드

• 부동산펀드는 운용사가 투자자금을 모아서 부동산 간접투자기구를 만들고 그 기구를 통해 부동산 개발사업이나 수익형 부동산에 투자해서 그 수익을 투자한 만큼 배분하는 펀드를 말한다. 최근에 PF프로젝트파이낸싱라고 해서 몇몇 상호저축은행 부실화의 원인이 된 펀드도 부동산펀드의 한 종류였다. 또한 ABS자산유동화 증권 등에 투자하는 펀드 역시 부동산펀드의 하나다.

부동산과 부동산을 보증한 금융상품에 투자하는 부동산펀드는 운용방식에 따라 대출형, 임대형, 경공매형 및 직접개발형의 네 가지가 있다.

### ① 대출형

아파트, 상가 등 개발회사에 자금을 대여해주고 대출이자로 수익을 얻은 방식을 취한다.

### ② 임대형

빌딩 등을 매입한 후 이를 임대해 임대수입과 가격상

승에 의한 자본이익capital gain의 수익을 올린다. 이것은 다시 단기와 장기로 나뉘며 단기는 양도차익매각차익이 목적이고 장기는 임대수익이 목적이다.

### ③ 경공매형

법원 등이 하는 경매나 자산관리공사 등의 공매 부동산을 매입한 후 임대나 매각으로 수익을 올린다.

### ④ 직접개발형

직접 개발에 나서 분양하거나 임대해 개발이익을 얻는 것으로서 위험도가 상대적으로 크다. 이것은 어떤 형태이든 해당 건물이 분양이 되지 않으면 목표수익을 달성하기 어렵다.

부동산펀드는 소액투자를 할 수 있다는 특징이 있으나, 원금·수익 보장형 상품이 아니고 일단 투자한 뒤에는 중도환매가 제한되어 주식이나 채권보다 현금화가 어렵다는 단점이 있다. 그러나 증권형펀드에만 치중하는 것보다는 부동산펀드를 분산투자 개념으로 이용하면 위험부담을 나눌 수 있다.

## 023 ● 원자재펀드

　원자재펀드는 농산물, 축산물, 임산물, 원유, 물, 그리고 에너지 등의 원자재에 투자하는 펀드다. 때문에 실물자산펀드라고도 한다. 최근 유가 상승 및 금값 상승으로 원자재펀드에 대한 관심이 높아졌는데, 실물자산의 경우 경기에 가장 민감하게 작용하고, 인플레이션과 같은 방향으로 움직이기 때문에 어쩌면 안정적인 수익을 낼 수 있는 방법일 수도 있다. 금에 투자되는 금펀드의 경우 경제상황이 악화됨에 따라 높은 수익률을 얻기도 했다. 하지만 한번에 '몰빵'하는 것보다는 적절한 분산의 개념을 갖고 투자하는 게 좋겠다.

　원자재펀드의 경우 정유, 철강 같은 원자재 가격 등락에 따라 주가가 움직이는 기업들의 주식에 투자하는 것인데, 원자재 가격에 따라서도 수익률이 변동되겠지만 일단은 주식이므로 주가나 경제여건, 기업여건에 따라서도 그 수익률이 변동된다는 것을 명심해야 한다. 즉, 원자재 가격이 상승하는 것만 보고 투자했다가는 큰 손해를 볼 수도 있다는 것이다.

원자재펀드에 투자할 때 주의사항을 정리하면 다음과
같다.

① 가격방향성 예측이 어렵다는 점
② 시장에 대한 정보가 충분하지 않다는 점
③ 현재 가격이 많이 상승해 있다는 점

이런 변수로 인해 원자재펀드에 투자 시에는 투자금
의 20% 이내로 투자하는 것이 좋고, 경기를 덜 타는 자
산을 대상으로 하되 파생형 또는 지수상품으로 가입하
는 것이 좋겠다.

원자재펀드는 재간접펀드의 형태를 띠기도 하는데 설
명하면 다음과 같다. 여러 가지 광물에 투자가 된 펀드
중 금의 비중이 높은 펀드도 있을 것이고, 구리의 비중
이 높은 펀드도 있을 것이다. 이때 각각 펀드의 장점을
한데 모아 원자재펀드라고 이름 붙이고 운용사에서 그
러한 펀드에 다시 투자를 해서 수익을 배분하는 형태를
갖는 것이다. 개별 펀드에서는 유동성 있게 위험을 분산
할 수는 없지만 재간접펀드일 경우에는 수익이나 위험
의 노출 정도에 따라 펀드를 대체할 수 있다는 장점이
있다. 그러나 이 경우 운용수수료 역시 상승한다.

# 024 ─● 인프라펀드
## Infra Fund

인프라펀드는 각종 사회기반시설을 투자대상으로 융자 및 출자, 관련 채권을 매입하는 등이 자금을 조성 및 운용하는 펀드다. 즉, 교량, 항만, 도로, 철도, 공공청사 등 정부와 공공 부문이 주도하는 모든 건축·토목공사를 포함하는 SOCSocial Overhead Capital 사업만을 투자대상으로 삼는 것이다. 이 펀드는 SOC 부문의 민간투자를 활성화하는 역할을 한다.

SOC 부문의 투자가 가지는 장점을 정리하면 제조업 생산효율성 증대, 경제 성장에 직접 기여, 국민생활 편리성 증대 등이 있다. 그러나 단점으로 공급 위주 투자정책, 도로·철도·항만·공항 간 칸막이 사업, 안전사고 예방노력 미흡, 재정지출 비효율과 통제수단 미비 등이 논의될 수 있다.

국내에서는 1999년 '한국인프라 I 호 투융자회사'의 설립으로 시작되었다. 주로 각각의 펀드가 하나의 독립된 회사증권투자회사로 만들어지고 여기에 출자함으로써 투자자가 펀드의 주인이 되는 뮤추얼펀드의 방식으로 이루어진다.

## SOC 부문 투자의 장단점

| | |
|---|---|
| **장점** | 제조업 생산효율성 증대<br>경제 성장에 직접 기여<br>국민생활 편리성 증대 등 |
| **단점** | 공급 위주 투자 정책<br>도로 · 철도 · 항만 · 공항 간 칸막이 사업<br>안전사고 예방노력 미흡<br>재정지출 비효율과 통제수단 미비 등 |

가치주펀드

Value Stock Fund

　가치주펀드는 기업의 주가가 기업이 가진 가치보다 낮게 형성된 주식을 장기간 보유해 수익을 올리는 펀드를 말한다. 낮은 가격으로 주식을 매수하고 기업가치 상승이 주가 상승으로 이어질 때 주식을 적정한 가격으로 매도해 차익을 남긴다. PER주가수익비율과 PBR주가순자산비율은 낮고 배당률이 상대적으로 높은 주식들에 투자되는 경우가 많다.

　정통적인 주식투자의 원칙이 바로 이 가치주펀드라고도 할 수 있다. 장기적인 안목을 갖고 투기를 하는 것이 아닌 투자의 목적으로 그 기업의 내재가치의 상승을 기대하고 기간적인 수익을 남기는 것이기 때문이다. 그래서 보통은 대형주 종목보다는 중소형 종목이 많다.

　이 펀드의 단점은 중소형주의 유동성 하락이 대형주의 유동성 하락보다 커지게 되어 펀드의 유동성에 문제가 생길 수도 있다는 것이다. 따라서 펀드를 가입하기 전에 적어도 어떤 기업들에 투자가 되고 있는지를 관심 있게 지켜본 뒤 투자를 해야 한다.

# 성장주펀드

Growth Fund

성장주펀드는 한참 성장단계에 있어서 시장지배력이 강하고 경기에 민감해 매출액 증가율 등이 높은 종목들로 이루어진 펀드를 말한다. 따라서 업종을 대표하는 종목들로 구성되어 있다.

이 경우 큰 성장을 위해 유보금을 많이 두는 대신 설비 및 새로운 투자처 등에 적극적으로 투자함으로써 배당이 가치주에 비해 상대적으로 적은 종목들이 대부분이다. 때문에 경기에 앞서 상승하고 하락하며 변동성이 크다는 단점이 있다.

각자의 성향에 맞게 성격이 좀 급해서 빨리 수익을 보고자 하는 사람들은 성장주펀드가 맞을 것이고, 정통적으로 저평가된 주식을 찾은 다음 거기에 투자되는 펀드를 찾아서 꾸준히 성장하길 기다리겠다면 가치주펀드가 맞을 것이다.

## 027 인덱스펀드
### Index Fund

인덱스펀드는 주가지수에 영향력이 큰 종목들 위주로 펀드에 편입해 펀드 수익률이 주가지수를 따라가도록 운용하는 상품이다.

일반적으로 개인투자자들은 주가가 오르면 꼭 자기가 선택한 종목만 유일하게 떨어진다고 푸념을 하는 경우가 많다. 그렇게 많은 종목 중 왜 맨날 하락하는 주식만 고르는 것인지 알 수 없다고 푸념하는 투자자들에게 가장 잘 어울리는 펀드가 바로 인덱스펀드라 할 수 있다.

이 펀드는 주가가 올랐을 때 내 수익도 같이 오른다. 주가지수에 연동되게 포트폴리오가 구성되어 있다 보니 일반적인 주식형펀드에 비해 운용수수료도 적고 투자위험도 효율적으로 감소시킬 수 있다.

주식형펀드 수수료가 평균 2~2.5%라면 인덱스펀드는 평균 0.15~0.2% 정도라고 할 수 있다. 따라서 장기적으로 가면 갈수록 누적된 적립금에 해당되는 보수만 하더라도 엄청난 차이가 발생할 수 있다. 하지만 주식형펀드 역시 대형주로 포트폴리오가 구성된다면 인덱스펀드와 그다지 큰 차이가 나지 않을 정도의 수익을 볼 수 있다.

요즘에는 인터넷으로도 펀드에 가입할 수 있는데, 상대적으로 적은 수수료로 펀드에 가입할 수 있다는 이점을 고려해본다면 온라인 전용 인덱스펀드를 추천할 만하다 하겠다.

## 028 ● 자산운용보고서

Report on Management Results

펀드의 운영형태와 결과상태를 설명하는 보고서로서 현재 내가 가입한 펀드가 어떻게 운용되는지를 기간별 수익률과 나의 수익률을 통해 볼 수 있다. 또 내 펀드가 어느 종목에 어떻게 투자되며 누가 운용을 하는지도 볼 수 있다.

자산운용보고서는 매 분기 결산이 끝나면 받아 볼 수 있는데, 대부분은 보기도 어렵고 크게 관심을 갖고 있지 않기 때문에 재활용 쓰레기통으로 바로 버려진다. 나중에 수익률이 악화되었을 때 판매회사를 탓하지 말고 분기마다 보내지는 자산운용보고서를 한 번씩 눈여겨볼 필요가 있다. 그러면 시장상황이나 내 펀드의 미래를 어느 정도는 예측할 수 있을 것이다.

자산운용보고서는 크게 기본정보와 상세정보로 나뉘어 있다. 기본정보는 상품유형과 펀드재산현황 등의 개요, 기간별 연평균 운용서와 자산구성 현황 등이고 상세정보는 투자신탁의 개요, 자산보유 및 운용현황, 매매주식 총수, 매매금액 및 매매회전율, 운용의 개요 및 손익 현황, 운용전문인력 현황, 중개회사별 거래금액 수수료 및 그 비중, 이해관계인과의 거래에 관한 사항 등이다.

자산운용보고서에서 가장 눈여겨봐야 하는 부분은 운용성과다. 최근 수익률, 1년 이상 수익률이 비교지수 대비 높은 성과를 내고 있는지, 그리고 수익률 흐름이 일관성이 있는지를 보아야 하는 것이다. 또한 총 운용보수도 수익률에 영향을 미치기 때문에 참고적으로 확인해야 한다.

자산운용보고서에는 펀드매니저에 대한 정보도 잘 나와 있다. 펀드매니저가 얼마나 자주 바뀌는지에 따라서 펀드 수익이 영향을 받으니 확인해봐야 한다. 사람마다 다들 개성이 다르듯이 펀드를 운용하는 데도 스타일이 다 다르다. 따라서 포트폴리오를 재편하는 과정에서 손실이 나는 경우가 있는데, 분기마다 검토하여 과거에 비해 수익의 변화가 많이 생긴다면 과감하게 환매를 고려해봐야 할 것이다.

그 외에도 지난 운용성과에 대한 보고멘트와 향후 운용에 대한 계획멘트 역시도 잘 살펴보고 지금 갖고 있는 펀드가 얼마나 수익을 잘 낼 것 같은지 예측해보는 것도 흥미로운 일이 될 것이다.

자산운용보고서에는 *기준가격*도 나외 있다. 기준가격은 보통 1천 원에서 시작하는데, 기준가격에 따라서 내가 매입할 수 있는 좌수가 정해진다. 기준가격이 1천 원일 때 100만 원을 투자하면 1천 좌를 매입하게 되는 것이다. 따라서 기준가격이 얼마나 오르고 내리는지에 따라서 내 돈의 변화를 알 수 있게 된다.

자산운용보고서에 있는 매매회전율 역시 운용하고 있는 펀드에서 주식이나 채권 등 투자대상을 얼마나 자주 샀다 팔았다 하는지를 보여주는 수치다. 그렇기 때문에 펀드의 수익에 맞게 실효성 있는 매매가 되고 있는지를 파악해볼 수 있다. 매매회전율이 높으면 그만큼 거래 수수료 역시도 많이 떼이기 때문에 수익률이 낮아진다.

# 029 ● 파생금융상품
## Financial Derivatives

거래자가 요구하는 조건에 맞게 각종 금융상품을 결합시켜 완성한 금융상품이다. 다시 말해 기존의 금융상품, 즉 채권이나 주식이나 유가증권 거래 등을 응용 혹은 연계<sub>파생</sub>하여 다양하게 만든 금융상품이라 할 수 있다.

주식이나 채권을 기본으로 놓고 거기에서 한두 가지 조건을 연계하면 파생상품이라고 하는데, 주로 주식에 연계된 것들을 선물이나 옵션이라고 부른다.

### ① 선물거래

장래의 일정 시점에 현재 정한 가격으로 거래할 것을 약속하는 계약이다. 조직화된 거래소 시장<sub>공인된 상품거래소</sub>에서 표준화된 계약내용에 따라 이루어지는 거래를 말한다.

### ② 옵션거래

특정 대상물을 장래의 지정된 날 또는 그 이전에 일정한 가격으로 사거나 팔 수 있는 권리를 말한다. 쉽게 말해 아파트 분양권으로 이해하면 좋을 것 같다. 옵션의 종류로는 콜옵션과 풋옵션이 있다. 콜옵션은 기준가<sub>행사가</sub>가 상승했을 때 이익을 얻는 옵션이고, 풋옵션은 기준가<sub>행사가</sub>가 하락했을 때 이익을 얻는 옵션이다.

선물이나 옵션거래는 실물거래를 하듯이 증권계좌를 개설하고 홈트레이딩시스템HTS을 통해 매매할 수 있다. 하지만 일반인들에게는 상대적으로 어려운 용어가 많은 데다가 선물거래는 3개월마다 만기가 도래하고 옵션은 1개월마다 만기가 돌아오기 때문에 주식처럼 저가 매수 뒤에 묵혀둬서는 안 된다. 즉, 그만큼 신경을 써야 하는 탓에 대중적이지는 않는다.

직접적인 거래방식은 매우 위험한 반면 큰 수익을 얻을 수 있기 때문에 조심히 접근할 필요가 있다. 되도록이면 파생상품에 간접적으로 투자하는 방식의 ELS주가연계증권나 ELF주가연계펀드를 이용해 안정적인 투자수익을 확보하는 게 현명할 것으로 보인다.

### 대표적인 파생금융상품

| | |
|---|---|
| 선물 | 장래의 일정 시점에 현재 정한 가격으로 거래할 것을 약속하는 계약 |
| 옵션 | 특정 대상물을 장래의 지정된 날 또는 그 이전에 일정한 가격으로 사거나 팔 수 있는 권리 |

| 스왑 | 사전에 정해진 가격, 기간에 둘 이상의 당사자가 보다 유리하게 자금을 조달하기 위해 서로 부채를 교환하여 위험을 피하려는 기법 |
|---|---|
| 선도 | 현재 시점에서 미리 가격을 정해놓고 일정 기간이 지난 후 거래를 한다는 점에 있어서는 선물과 차이가 없으나, 선물이 조직화된 거래소를 통하여 이루어지는 공식 거래인 반면, 선도는 거래 당사자 간의 사적 거래 |

**파생상품의 가능성**

향후 파생상품시장은 발전가능성이 매우 높다. 현재는 주식이나 채권, 달러에 대한 부분이 대체적으로 연계되지만 앞으로는 실물투자나 기후변화나 그 외의 어떤 것이라도 다 연계되어 상품화될 것으로 보인다. 따라서 파생상품에 대해 계속적인 관심을 가지고 관망을 할 필요가 있다. 매우 흥미로운 상품들도 나올 것이다.

## 030

주가연계증권

ELS

　주가연계증권Equity-Linked Securities은 특정 주가의 가격이나 주가지수의 수치에 연계해서 투자수익을 배분하는 증권이다. 투자되는 자산의 대부분을 우량채권에 투자해 원금을 보존하고 일부의 금액을 주가지수 옵션이나 파생금융상품에 투자해 고수익을 노리는 것이다. 2003년에 증권거래법 시행령에 따라 만들어졌는데, 요즘같이 주가의 변동성이 커서 직접적인 투자를 꺼려하게 될 때도 안정적이면서 은행이자보다 높은 수익을 가져갈 수 있기 때문에 많은 사람들이 주목하고 있다.

　예를 들어 현대그룹과 관련된 주식 전망이 좋을 때 투자자산의 대부분을 현대자동차와 현대모비스 같은 두 종목에 투지하는 것이다. 향후 그 종목들이 어느 정도 오르거나 내려져 일정 조건이 충족되면 원금과 이자가 조기에 상환된다. 그 종목이 쉽게 오르거나 내려지지 않아도 3년 안에 한 번만 충족되면 상환이 되기 때문에 큰 걱정을 하지 않아도 된다.

　그런데 이러한 걱정 때문에 원금보장형 ELS를 선택하

는 이들도 있다. 하지만 원금보장형은 파생상품에 투자액보다 채권비율을 높이기 때문에 상대적으로 기대수익률이 원금비보장형보다 낮을 수밖에 없다는 점을 기억해야 할 것이다. 어떤 것이 좋은 종목인지 충분히 알아보고 선택해야겠지만, 원금보장수준을 낮추고 파생상품 투자액을 늘려 기대수익을 높이는 것이 ELS의 진정한 강점이지 않을까 생각한다.

또한 최근에는 개별종목에 대한 불신도 워낙 커져서 좀 더 안정적인 수익을 원하는 경우를 대비해 종목형 ELS 대신 주요국 지수에 투자하는 지수형 ELS도 나왔다. 코스피 지수, 코스피200 지수, 항생 지수 등 국내뿐 아니라 외국 지수에까지 투자하는 것인데 이때 주가를 보는 안목을 넓힐 수 있을 것이다. 또한 6개월 단위로 재평가를 하기 때문에 지수가 어느 정도까지만 내려가지 않는다면 초과 수익을 벌 수 있는 기회가 될 것이다. 그런데 적립식 투자 방법이 아닌 거치식 투자 방법이기 때문에 최소 100만 원 이상의 목돈이 한꺼번에 투자되어야 한다는 부담도 있다. 안정적이면서 은행이자보다는 좀 더 나은 수익을 원한다면 증권회사 PB금융 포트폴리오 전문가와 확실하게 상의해보는 것이 좋겠다.

## 대신증권 ELS 종목

| 모집기간 | 종목명 | 발행일/만기일 | 기초자산 |
|---|---|---|---|
| 2012.4.20<br>~<br>2012.4.25 | ELS 2006호<br>(원금보장형) | 2012.4.26/<br>2013.4.26 | (저위험)<br>KOSPI200지수 |
| | ELS 2005호<br>(원금비보장형) | 2012.4.26/<br>2015.4.24 | (고위험)<br>KOSPI200지수/<br>HSCEI지수 |
| | ELS 2004호<br>(원금비보장형) | 2012.4.26/<br>2015.4.24 | (고위험)<br>KOSPI200지수 |
| | ELS 2003호<br>(원금비보장형) | 2012.4.26/<br>2015.4.24 | (고위험)<br>KOSPI200지수/<br>삼성전자 |
| | ELS 2002호<br>(원금비보장형) | 2012.4.26/<br>2015.4.24 | (고위험)<br>한화케미칼/<br>대우조선해양 |
| | ELS 2001호<br>(원금비보장형) | 2012.4.26/<br>2015.4.24 | (고위험)<br>대림산업/<br>호남석유 |
| | ELS 2000호<br>(원금비보장형) | 2012.4.26/<br>2015.4.24 | (고위험)<br>KOSPI200/<br>HSCEI |

## 031

상장지수펀드
ETF

코스피200 지수나 코스피50 지수와 같은 특정 지수
의 수익률을 얻을 수 있도록 설계된 펀드다. 인덱스펀드
와 뮤추얼펀드의 특성을 결합한 상품으로 2002년에 처
음으로 도입되었다. ETFExchange Traded Fund가 일반적인
펀드와 다른 점은 거래소에 상장되어 있기 때문에 일반
주식거래를 하는 것처럼 자유롭게 사고팔 수가 있다는
것에 있다.

주식이나 펀드에 투자하는 사람들이 가장 어렵게 생
각하는 것은 종목 선택이다. 일반 기업의 재무구조나 수
익구조 등을 분석해서 종목을 선택해야 하지만 그럴 시
간과 전문성이 없기 때문에 그 대안으로 ETF를 거래하
는 경우가 많다.

시중에 나와 있는 ETF 중에 대표적인 것으로는
KODEX200, KOSEF200, TIGER200 등이 있는데, 대부
분이 코스피의 시가총액 상위 100~200개 종목을 대상으
로 하기 때문에 주가가 오르면 ETF 수익이 올라가고, 주
가가 떨어지면 ETF 수익률이 내려간다고 생각하면 된다.

지수에 투자함으로써 종목 선택으로 인한 위험을 줄일 수 있다는 것이 장점이다. 또한 여러 주식들의 묶음이기 때문에 해당 ETF에 속한 기업들의 현금 배당으로 인한 추가 수익이 발생하며, 펀드 수수료가 낮고 증권거래세가 면제된다. 게다가 원하는 가격과 수량에 맞게 실시간 거래가 가능해서 환금성이 좋으며, 주가가 저렴하기 때문에 적은 돈으로 투자를 할 수 있다.

반면에 거래량이 충분하지 않은 경우 원하는 시기에 환매나 구매를 할 수 없다는 것이 단점이다. 따라서 되도록 거래량이 많은 종목을 선택하는 것이 좋겠다.

ETF의 종류에는 다음과 같은 것들이 있다.

### ① 지수ETF

각 종목 뒤에 50, 100, 200과 같은 숫자가 붙어 있으면 지수형이라고 한다. 대표 기업들에 투자하기 때문에 인덱스펀드와 비슷하며 가장 대표적이라고 할 수 있다.

### ② 섹터ETF

자동차, 조선, 철강, IT 등 각 업종에 투자하는 것으로 시장 지수에 투자하는 것보다 변동성은 크지만 한 기업에 투자하는, 즉 주식의 개별종목에 투자하는 것보다는 위험을 분산시킬 수 있다. 특정 업종에 관심을 갖고 있다면 섹터형 ETF를 생각해볼 수 있다.


### ③ 원자재ETF

금이나 철광석과 같은 곳에 투자해 수익을 보는 것이다. 금값이 많이 오른다고 무턱대고 금 관련 펀드에 직접 투자하는 것보다 금값에 연동되는 ETF에 투자하는 것이 좀 더 안정적이다.


### ④ 인버스ETF

반대로 투자하는 것이다. 코스피 지수가 하락하면 이익을 얻게 되고, 반대로 상승하면 손해를 보게 되는 구조다. 어떠한 시장의 지수가 떨어질 가능성이 많다고 예측되면 인버스ETF에 투자해보는 것도 나쁘지 않다.


### ⑤ 레버리지ETF

두 배의 효과를 보는 것으로 생각하면 된다. 코스피 지수 대비 수익이 10%가 나면 20%의 이익을 볼 수 있지만 반대로 10% 하락하면 20%의 손해를 볼 수도 있으니 시장의 방향을 잘 읽고 신중하게 선택할 필요가 있다.


### ⑥ 해외ETF

중국, 미국, 유럽, 브라질 등 국가에 투자를 할 경우에

도 앞으로 성장할 가능성이 높은 국가에 투자를 하게 된
다. 이때 직접적인 투자를 하기보다 해외ETF를 통해 그
나라의 대표적인 지수를 본다면 좀 더 안정적인 투자를
할 수 있을 것이다.

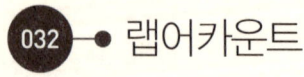

## 032 — 랩어카운트
### Wrap Account

요새는 그냥 '랩'이라고 부르기도 한다. 증권사나 투자자문사에서 고객의 자산규모와 투자성향 및 위험수용도를 파악해 적당한 금융상품이나 유가증권에 투자하는 것을 말한다. 랩어카운트는 자문형과 일임형으로 나누어지는데, 자문형 랩어카운트는 투자자의 성향을 파악한 후 상담을 통해 주식, 채권 등과 같은 유가증권 포트폴리오를 구성하는 데 도움을 주는 것이다. 일임형 랩어카운트는 투자자로부터 투자 여부를 판단할 권리를 일임 받아 유가증권에 투자하는 것을 말한다.

랩어카운트의 상품 종류로는 다음과 같은 것들이 있다.

① **맞춤형 랩**: 투자자의 요구대로 포트폴리오를 맞춰서 운용하는 상품

② **주식형 랩**: 포트폴리오를 거의 주식으로 구성하는 상품

③ **채권혼합형 랩**: 주식에는 투자하지 않고 채권의 성격을 가진 자산 위주에 투자하는 상품

④ **펀드 랩**: 여러 가지 펀드 중 우량한 펀드에 적절하게 분

산투자하는 상품

⑤ **채권형 MMW(Money Market Wrap) 랩**: CMA의 일부

로서 단기입출금이 가능한 상품


랩은 목돈이 있을 때 안정성을 추구하면서도 좀 더 적
극적으로 투자하고자 할 경우 가입하게 된다. 최근에 투
자자문사가 많이 생기면서 더욱 활성화되었는데, 주로
주식형 랩이 많았기 때문에 최근 주가지수의 변동으로
인한 예상수익률의 저하로 인기를 유지하지 못한 적도
있다. 하지만 앞으로 개인별 투자성향에 맞게 투자를 할
수 있게 되어 발전가능성이 많기 때문에 그 동향을 관망
하는 것도 좋다.

## 033

● 채권

채권이란 돈을 빌려주었을 때 나중에 돌려받을 수 있는 권리다. 국가에 돈을 빌려주면 국고채, 회사에 돈을 빌려주면 회사채, 지방자치단체에 돈을 빌려주면 지방채가 되듯이 발행주체에 따라 다양한 채권이 발행된다.

먼저 국고채는 정부가 발행하는 것으로, 우리가 보통 '시장금리'라는 표현을 쓸 때 그 기준이 되는 금리가 국고채의 유통수익률이다. 한국의 신용등급에 따라서 국고채 금리가 오를 수도, 내릴 수도 있는데 마찬가지로 회사채의 경우에도 삼성이나 현대처럼 매우 안정적인 기업이 발행하는 채권의 금리는 상대적으로 낮고 신용이 낮은 기업일수록 채권의 금리가 높아진다. 정크본드라는 매우 위험한 채권도 있는데 수익률은 엄청 높다. 정크Junk는 쓰레기라는 뜻이고 본드Bond는 채권을 가리키기 때문에 쓰레기통으로 가야 할 정도로 신용등급이 아주 낮은, 그렇지만 금리는 그만큼 높은 채권이라고 보면 될 것이다. 이처럼 채권 금리는 신용등급에 따라 달라진다는 것을 짐작할 수 있겠다.

이외에도 시, 도, 군 등의 지방자치단체가 필요한 자금을 조달하기 위해 발행하는 채권을 지방채라고 한다. 지하철공채, 도로공채, 상수도공채 등이 있다.

상환기간에 따라 단기채1년 이하, 중기채1년 초과~5년 이하, 장기채5년 초과가 있고 장기로 갈수록 금리는 올라간다.

또 이자 지급 방식에 따라 이표채, 할인채, 복리채가 있다. 이표채는 채권 앞면에 이표가 붙어 있어 이자 지급일마다 이것을 하나씩 떼어 이자와 교환하는 채권이다. 할인채는 원금에서 원금 상환일까지의 이자를 미리 떼고 남은 금액으로 발행되는 채권이다. 또 복리채는 이자 지급기간 동안 이자가 복리로 재투자되어 만기 시 원금과 이자를 동시에 지급하는 채권이다.

이외에도 전환사채가 있는데 처음에는 사채로 발행되지만 일정 기간이 경과한 후보통 3개월 구입한 사람의 청구에 의해 주식으로 전환될 수 있는 채권을 말한다. 또 신주인수권부사채는 은행 등에서 채권을 발행할 때 채권을 구입하는 투자자에게 일정 기간 후 그 은행에서 앞으로 발행할 주식, 즉 신주를 특정 가격에 배정받을 수 있는 권리를 약속하며 판매하는 채권을 말한다.

## 채권의 종류와 특징

| 구분 | 명칭 | 특징 |
|---|---|---|
| 발행 주체 | 국고채 | 정부가 발행하는 것으로, 국고채의 유통수익률이 '시장금리'의 기준 |
| | 회사채 | 안정적인 기업이 발행하는 채권의 금리는 상대적으로 낮고 신용이 낮은 기업일수록 채권의 금리가 높아짐 |
| | 지방채 | 지하철공채, 도로공채, 상수도공채 등 |
| 상환 기간 | 단기채 | 1년 이하 |
| | 중기채 | 1년 초과~5년 이하 |
| | 장기채 | 5년 초과 |
| 이자 지급 | 이표채 | 채권 앞면에 붙어 있는 이표를 이자 지급일마다 하나씩 떼어 이자와 교환하는 채권 |
| | 할인채 | 원금에서 원금 상환일까지의 이자를 미리 떼고 남은 금액으로 발행하는 채권 |
| | 복리채 | 이자 지급기간 동안 이자가 복리로 재투자되어 만기 시 원금과 이자를 동시에 지급하는 채권 |
| 기타 | 전환사채 | 처음에는 사채로 발행되지만 일정 기간이 경과한 후 구입한 사람의 청구에 의해 주식으로 전환될 수 있는 채권 |
| | 신주 인수권부 사채 | 은행에서 채권을 구입하는 투자자에게 일정 기간 후 그 은행의 신주를 특정 가격에 배정받을 수 있는 권리를 약속하며 판매하는 채권 |

## 034

● 신용등급

  기업의 경영 성과를 객관적으로 평가해서 정하는 등급이다. 또 재권발행 금리의 기준이 되는 것이 신용등급이다. 기업이 자금을 조달하는 방법에는 금융회사를 통해 대출을 받거나 증권시장에서 주식, 채권을 발행하는 것 등이 있다. 신용이 좋은 기업일수록 자금 조달이 용이하고 금리가 상대적으로 낮게 책정된다. 또한 기업뿐만 아니라 각 나라별 신용등급이 매겨지기도 한다.

  기업의 신용등급은 최상위 AAA부터 D까지 총 18등급으로 나눠진다. 이때 AA등급부터 B등급까지에는 '+', '-' 부호를 붙여서 동일한 등급 내에서 우열을 구분한다.

| AAA | 원리금을 지급할 능력이 최상급이다. |
|-----|-----|
| AA | 원리금을 지급할 능력이 매우 우수하지만 AAA보다는 다소 열등하다. |
| A | 원리금을 지급할 능력은 우수하지만 상위 등급보다 경제여건 및 환경에 따른 영향을 받기 쉬운 이면이 있다. |

| | |
|---|---|
| **BBB** | 원리금을 지급할 능력은 양호하지만 상위 등급에 비해서 경제여건 및 환경에 따라 장래에 원리금을 지급할 능력이 저하될 가능성을 내포하고 있다. |
| **BB** | 원리금을 지급하는 것이 당장 문제가 되지 않으나 장래 안전에 대해서는 단언할 수 없는 투기적인 요소를 내포하고 있다. |
| **B** | 원리금을 지급할 능력이 부족해 투기적이며 이자 지급 여부가 확실하지 않다. |
| **CCC** | 원리금을 지급하지 못할 불안요소가 있고 채무를 불이행할 위험도 크며 매우 투기적이다. |
| **CC** | 상위 등급에 비해 불안요소가 더욱 크다. |
| **C** | 채무를 불이행할 가능성이 높고 원리금을 상환할 능력이 없다. |
| **D** | 상환이 아예 불가능한 상태다. |

여기서 BBB등급까지를 '투자적격 신용등급'이라고 평가하고 BB등급부터 '투자부적격 등급' 혹은 '투기 등급'이라고 평가한다. D등급은 부도 등으로 이미 돈을 갚을 능력이 없는 상태다.

일반적으로 신용등급이 아래로 내려갈수록 원금을 갚지 못할 위험이 커지므로 투자자는 자신이 구매하려는 채권 기관의 신용도를 꼭 확인할 필요가 있겠다. 그런데 신용도가 낮은 기업의 경우 발행한 채권을 팔기 위해 신용도가 높은 곳보다 높은 이자율을 제시하면서 투자자를 유인하기도 한다.

# 035 ● 금리

금리는 이자율과 동일한 개념이다. 금리라는 용어는 주로 은행거래에서 사용되고, 이자율이라는 용어는 그 외의 금융거래에서 사용된다. 금리는 정부에서 발행하는 국고채, 우량기업이 발행하는 회사채의 유통되는 수익률에 따라 정해진다.

금리는 은행에 돈을 맡길 때 얼마의 이익을 내가 받는 것이고, 또 대출을 할 때 얼마의 비용을 지출하는 것이라 이해하면 쉽다. 은행은 중간에서 예대마진이라고 하는 나름의 수수료 일부를 챙겨서 이익을 추구한다.

이러한 금리는 중요한 지표 중 하나로써 한국경제를 비롯해 세계경제를 컨트롤하기도 한다. 그 원리는 다음과 같다. 금리를 무조건 올리면 돈을 맡긴 사람들에게는 유리하지만 돈을 빌린 사람들에게는 불리하다. 기업 입장에서는 금리가 높기 때문에 돈을 빌려서 투자하는 게 부담으로 작용할 수 있고, 사람들은 소비를 줄이고 은행에 예금을 하게 되기 때문에 화폐의 공급이 증가하고 수요는 감소되면서 경기가 전반적으로 불황이 될 수 있다.

이를 해결하기 위해 금융당국에서는 다시 금리를 낮추게 되는데, 그에 따라 기업투자가 다시 증가하고 가계에서도 은행에 돈을 맡기지 않고 소비를 하기 때문에 경기는 호황이 되지만 물가는 상승할 수 있다. 이 과정을 인플레이션이라고 한다.

이처럼 금리에는 개인이나 기업의 돈의 흐름을 움직이게 하는 힘이 있다고 할 수 있다. 돈은 보통 금리가 높은 곳으로 움직이게 마련인데 그러다 보면 다른 나라의 돈이 굴러들어 오는 현상이 생기기도 한다. 그럴 때 금리는 환율에도 영향을 주게 된다.

현재 미국은 기준금리를 0%로 설정하고 계속해서 경기부양책을 쓰는데, 금리를 올리지 않음으로써 경기를 살리려고 부단히 노력하는 모습을 볼 수 있다. 한국 역시도 금리수준이 예전에 비해 그리 높지는 않다. 기준금리를 2.75%로 계속 동결하고 있는데, 금리를 올리자니 경기가 영향을 받고, 금리를 내리자니 물가를 잡을 수가 없어서 이러지도 저러지도 못 하는 상황이라 하겠다.

## 물가 등락 현상

| 구분 | 정의 | 특징 |
|---|---|---|
| 인플레이션 | 통화량이 팽창하여 화폐 가치가 떨어지고 물가가 계속적으로 올라 일반 대중의 실질적 소득이 감소 | 화폐가치↓<br>물가↑<br>실업률↓ |
| 디플레이션 | 통화량의 축소에 의하여 물가가 하락하고 경제활동이 침체됨 | 화폐가치↑<br>물가↓<br>실업률↑ |
| 스태그플레이션 | 경기 불황 중에도 물가가 계속 오름 | 화폐가치↓<br>물가↑<br>실업률↑ |

## 명목금리와 실질금리

물가가 지속적으로 올라가는 현상을 인플레이션이라고 한다. 예를 들어 현재 10%의 금리로 100만 원을 예금한다고 하면 1년 후에는 110만 원이 된다. 하지만 이때 물가도 같이 10% 오르면 100만 원짜리 물건을 110만 원에 사게 되는 것이므로 실질적인 이익을 얻지 못한다.

따라서 10%의 예금 금리를 명목금리라고 하고, 여기서 인플레이션율만큼을 뺀 금리를 실질금리라고 한다.

**실질금리=명목금리 - 물가 상승률(인플레이션율)**

# 036 — 복리의 효과

복리는 경상북도 청송군 안덕면에 있는 산으로 둘러
싸인 산촌마을이다. 복이 가득한 마을이라는 의미에서
복리라고 불렸다고 한다.

경제에서 역시 복리를 잘 이용하면 돈복을 받을 수도
있다고 생각한다. 원금에 이자가 붙은 돈에 또 이자가
붙는 방식이다 보니 시간이 흐르면 매우 큰돈이 만들어
지기 때문이다. 그래서 독일이나 스위스 같은 나라에는
복리를 금지하는 법도 있다. 하지만 한국 민법에는 복리
를 금지하는 법이 없기 때문에 우리는 합법적으로 복리
를 이용할 수 있다.

이자를 계산하는 방법에는 복리법 외에 단리법도 있다.

### 이자의 종류

| 단리 | 원금에 대해서만 붙이는 이자 |
|------|---------------------------|
| 복리 | 일정 기간의 말마다 이자를 원금에 기산하여 ㄱ 합계액을 다음 기간의 원금으로 하여 계산하는 이자 |

복리와 단리의 차이를 비교하면 다음과 같다.

| 구분 | 단리 | 복리 |
|---|---|---|
| 1년차 | 1050 | 1050 |
| 2년차 | 1100 | 1102.5 |
| 3년차 | 1150 | 1157.6 |
| 4년차 | 1200 | 1211.5 |
| 10년차 | 1500 | 1628.8 |

* 원금 1천만 원, 연이자 5%

만약 원금이 10억이라고 하면 10년 뒤 이자는 단리
때 5억, 복리 때 6.3억 정도다. 5%의 이자가 단리냐 복
리냐에 따라 엄청난 차이가 발생한다는 것을 이 표를 통
해 이해해볼 수 있다.

복리를 수식으로 적어보자.

$$FV=PV(1+r)^n$$

이때 투자원금PV, 이자율r, 기간n 중 어떤 것이 가장
중요할까? 수식만 봐도 복리에서는 기간이 매우 중요하
다는 것을 깨달을 수 있다. 복리에는 기간이 제곱되기
때문에 기간이 길어지면 길어질수록 나의 원금이 두 배,
네 배로 계속 올라가는 것이다. 이에 사채를 빌린 사람
들이 복리식 계산 때문에 채권자들에게 원금보다 이자

를 더 많이 갚아야 하는 경우도 종종 발생하게 된다. 그래서 복리식으로 예금을 할 때는 길게 투자해야 더 유리하고, 복리식으로 대출을 하게 되면 최대한 빨리 원금을 상환하도록 해야 할 것이다. 복리를 눈덩이라고 생각해 보자. 처음에는 작은 눈뭉치에 불과하겠지만 계속 굴리다 보면 나중에는 그 눈뭉치가 내 몸집보다 더 커질 수도 있다.

한 가지 예를 들어보자. 찰스라는 30대 남자와 수잔이라는 30대 여자가 있었는데, 그들은 은행으로부터 연복리 10%짜리 저축을 제안 받았다. 이에 찰스는 좋은 기회라 생각하고 바로 가입을 했고, 수잔은 당시 여건이 안 되서 10년 뒤에 가입하게 되었다. 10년이 지난 뒤에 찰스는 납입을 중지하게 되었고, 수잔은 그때부터 열심히 저축을 시작하여 20년 동안 납입하게 되었다.

그렇게 20년 후 찰스와 수잔은 같이 은행에 가서 돈을 찾았는데, 둘 다 깜짝 놀라고 말았다. 찰스는 10년 동안 총 6천만 원을 저축하고 그대로 묵혀두었는데도 7억이 넘는 돈을 받았고, 수잔은 20년 동안 1억2천만 원을 저축했음에도 4억 정도의 돈밖에 못 받았기 때문이다. 수잔이 은행 직원에게 따졌더니 은행 직원은 아래의 표를 보여주었다.

| 년차 | 찰스 | 누적투자금액 | 수잔 | 누적투자금액 |
|---|---|---|---|---|
| 1 | 6,000,000 | 6,600,000 | | |
| 2 | 6,000,000 | 13,860,000 | | |
| 3 | 6,000,000 | 21,846,000 | | |
| 4 | 6,000,000 | 30,630,600 | | |
| 5 | 6,000,000 | 40,293,660 | | |
| 6 | 6,000,000 | 50,923,026 | | |
| 7 | 6,000,000 | 62,615,329 | | |
| 8 | 6,000,000 | 75,476,861 | | |
| 9 | 6,000,000 | 89,624,548 | | |
| 10 | 6,000,000 | 105,187,002 | | |
| 11 | 0 | 115,705,703 | 6,000,000 | 6,600,000 |
| 12 | 0 | 127,276,273 | 6,000,000 | 13,860,000 |
| 13 | 0 | 140,003,900 | 6,000,000 | 21,846,000 |
| 14 | 0 | 154,004,290 | 6,000,000 | 30,630,600 |
| 15 | 0 | 169,404,719 | 6,000,000 | 40,293,660 |
| 16 | 0 | 186,345,191 | 6,000,000 | 50,923,026 |
| 17 | 0 | 204,979,710 | 6,000,000 | 62,615,329 |
| 18 | 0 | 225,477,681 | 6,000,000 | 75,476,861 |
| 19 | 0 | 248,025,449 | 6,000,000 | 89,624,548 |
| 20 | 0 | 272,827,994 | 6,000,000 | 105,187,002 |
| 21 | 0 | 300,110,794 | 6,000,000 | 122,305,703 |
| 22 | 0 | 330,121,873 | 6,000,000 | 141,136,273 |
| 23 | 0 | 363,134,060 | 6,000,000 | 161,849,900 |
| 24 | 0 | 399,447,466 | 6,000,000 | 184,634,890 |
| 25 | 0 | 439,392,213 | 6,000,000 | 209,698,379 |
| 26 | 0 | 483,331,434 | 6,000,000 | 237,268,217 |
| 27 | 0 | 531,664,578 | 6,000,000 | 267,595,039 |
| 28 | 0 | 584,831,036 | 6,000,000 | 300,954,543 |
| 29 | 0 | 643,314,139 | 6,000,000 | 337,649,997 |

| 30 | 0 | 707,645,553 | 6,000,000 | 378,014,997 |
|---|---|---|---|---|
| 총<br>투자 금액 | 60,000,000 | | 120,000,000 | |

표를 본 수잔은 '찰스처럼 일찍 시작할걸' 하고 후회하면서 돌아갈 수밖에 없었다.

위의 수치처럼 복리식 계산법은 얼마의 기간 동안 투자하느냐에 따라 엄청난 차이를 가져올 수 있다. 따라서 어떤 저축을 하더라도 단리식보다는 복리식으로, 단기간보다 장기간으로 저축하는 것이 큰 목돈을 마련하는 데 매우 유리하게 작용하겠다.

72의 법칙

72의 법칙이란 복리로 금리를 적용했을 때 원금이 두 배가 되는 대략적인 기간을 산출해주는 개념이다. 이 법칙은 미국의 아인슈타인이 발견했고 피터 린치Peter Lynch가 만들었다고 한다. 수학적으로 정확히 증명할 수 없는 추정값이기는 하지만 실생활에서 사용하는 데 매우 유용하기 때문에 알아볼 필요가 있다.

예를 들어 복리로 10%의 이자를 받는다고 하면 내 원금이 두 배가 되는 기간은 대략 7.2년이 된다. 반대로도 해석이 가능하다. 내 원금을 10년 후 두 배로 만들려면 대략 7.2%의 복리로 투자하면 된다는 것이다.

좀 더 자세히 예를 들어보자. 현재 나는 서른 살이고 1억 원이라는 돈을 가지고 있다. 이때 7.2%의 복리가 적용되는 'A은행'의 최고금리 상품에 가입했다고 치면 40세 때 2억이 되고, 50세 때 4억, 60세 때 8억, 70세 때는 16억이 된다. 또 여기서 10년만 더 지나면 무려 32억이라는 돈이 된다. 그런데 문제는 1억이라는 돈을 갖기가 쉽지 않을 뿐더러 7.2%의 연복리가 확실히 보장되는 상품도 없다는 데 있다. 하지만 바로 포기하기에는 이르다. 현재 30세라고 했을 때 연복리 7.2%가 보장될 가능성이 가장 높은 펀드에 10년 동안 매달 60만 원씩을 투자하면 1억 가까이 모을 수 있다. 그런 다음 연복리 14.4%짜리 상품에 가입하면 5년마다 내 원금이 두 배가 된다. 이렇게 하면 60세 때 16억이라는 돈을 모을 수 있다

물론 이론상으로만 가능한 것임이 분명하다. 하지만 이런 예를 통해 72의 법칙을 정확히 이해했을 거라는 생각이 든다. 이대로 실현하지는 못 하더라도 비슷하게 나마 적용해보려고 노력한다면 재미있을 것이다. 또한 이러한 계산법은 재무목표를 세우는 데 큰 도움이 되고, 돈을 모으는 데 있어서 약간의 경각심을 갖게 할 것이다.

현재 1억이라는 돈은 20년 뒤에 얼마의 가치를 가질까? 물가상승률을 3.5%로 계산하면 현재의 5천만 원 정도밖에는 그 가치가 안 된다고 할 수 있다. 이처럼 미래의 가치라든지 내 연금자산으로 얼마를 마련하고 싶은데 얼마의 돈이 있어야 그 돈을 마련할 수 있는지에 대한 계산을 대략적으로라도 하는 것이 좋다.

# 038 연금자산

    연금자산이란 퇴직을 하거나 은퇴를 해 더 이상 소득이 생기지 않을 경우에도 나의 소득을 보증해주는 자산이라고 생각하면 쉽겠다. 따라서 연금자산을 많이 만들어놓은 사람들은 은퇴 이후에도 많은 연금액으로 풍족하게 생활할 수 있고, 소비 위주의 생활로 연금자산이 적은 사람들은 모자라는 연금액으로 은퇴 이후 어려운 생활을 하게 될 것이다. 모든 사람은 늙기 때문에 일을 하지 않아도 소득이 생기는 연금자산을 준비하는 게 꼭 필요하다.

    정부에서는 세 가지의 연금을 준비할 것을 권한다. 기초적인 생활을 위한 국민연금, 기본적인 필요를 충족시킬 수 있는 퇴직연금, 좀 더 윤택한 생활을 위한 개인연금 등이 그것이다. 하지만 위의 세 가지를 모두 준비하는 사람은 별로 없다는 것이 사회적으로 큰 문제일 수 있다. 왜 준비하지 못할까?

    연금에 대한 필요성을 인식할 때가 보통 40대 중반

이후라고 한다. 그때는 한창 자녀들이 대학교 들어갈 시기이고 몇 년 있으면 결혼까지 할 수 있기 때문에 많은 돈이 한꺼번에 들어가게 된다. 자신의 노후는커녕 현재를 살아가기에도 빠듯하다 보니 연금자산을 만들 수가 없게 되는 것이다. 그렇다고 국민연금이 빵빵하게 준비되는 것도 아니다. 국민연금을 받을 사람은 많아지는 반면 납부할 사람들이 점점 줄고 있기 때문이다. 한 언론에서는 국민연금이 2053년쯤 고갈될 수도 있다는 예측을 내놓기도 했다.

따라서 이 책을 보는 독자들은 좀 더 젊은 나이에 서둘러 준비하는 것이 좋겠다. 젊을 때는 연금자산의 필요성을 느끼지 못하는 경우가 많지만 그 나이부터 시작할수록 장기적으로 준비할 수 있고, 적은 돈을 조금씩 모으면 나중에 큰돈이 된다. 이때 앞에서 설명했듯 복리식으로 투자하면 훨씬 더 많은 자산을 얻을 수 있다.

그냥 애매모호하게 '얼마 정도 있으면 되겠지'라며 추측하지 말고, 재무설계사와 상담하거나 연금 계산을 할 수 있는 인터넷사이트 등에서 본인이 은퇴할 연령과 향후 물가상승률을 고려해 구체적으로 연금자산을 준비하는 게 중요하다. 대부분의 사람들이 10~20년 후에는 지금의 돈의 가치가 많이 낮아질 것이라고 추측하고 있다. 그만큼 물가가 많이 오를 것이라고 예상하기 때문이다.

옛날에 버스 요금이 대략 200원이었을 때가 있었다. 하지만 지금은 1천150원까지 올랐다. 이처럼 물가는 나의 돈을 조금씩 갉아먹는 괴물이다. 현재의 가치를 기준으로 연금자산을 모은다면 은퇴 이후의 생활비는 괴물과 같은 물가로 인해 금세 줄어들고 말 것이다. 따라서 나의 연금자산을 크게 불리기 위해서는 물가상승률 이상의 수익을 적용 받을 수 있는 투자 수단을 선택해 상품에 가입하는 것이 중요하다.

국가에서 국민들을 보호하고 빈곤을 해소하며 국민생활의 질을 향상시키기 위해 제도적 장치를 마련했는데 이것을 사회보장제도라고 한다. 사회보장제도로는 건강보험, 산재보험, 고용보험, 노인장기요양보험 등이 있는데, 강제성을 띠고 있기 때문에 개인이나 기업이 의무적으로 가입하게 되어 있다.

사회보장제도 중에서도 가장 대표적인 것이 국민연금이다. 국민연금이란 국민들이 노령, 장애, 사망 등으로 소득 활동을 할 수 없을 때 기본적인 생활이 가능하도록 연금을 지급하기 위한 제도다. 근로자라면 회사에서 50%를 부담해주기 때문에 본인은 남은 50%만 부담하면 되고, 사업자라면 지역가입자로서 전액을 부담해야 한다.

어떤 사람은 국민연금을 세금이라고 생각해서 안 내려고 하기도 한다. 하지만 국민연금의 여러 가지 장점을 따져보면 가입하는 게 유익하다는 것을 알 수 있을 것이다.

우선 국민연금은 국가가 최종적으로 지급을 보장하기 때문에 국가가 존속하는 한 반드시 지급된다. 현재 전세계적으로 공적연금제도를 실시하고 있는 나라는 170여 개국에 달하지만 연금 지급을 중단한 나라는 한 곳도 없다. 또한 국민연금에는 노령연금 외에도 장애연금과 유족연금이 있는데, 장애연금은 가입 중에 발생한 질병이나 부상으로 완치 후에도 장애가 남았을 경우 장애 정도에 따라 자신과 가족의 생활을 보장하기 위해 지급하는 연금이고, 유족연금은 국민연금에 가입하고 있거나 연금을 받고 있던 사람이 사망했을 때 그 사람에 의해 생계를 유지하던 유족에게 가입기간에 따라 기본연금액의 일정률을 지급해 그들의 생활을 돕는 연금이다.

연금액은 물가상승률만큼 오르기 때문에 안정적인 소득이 보장된다는 것 또한 장점이다. 따라서 국민연금을 세금이라고 생각하지 말고, 미래를 위해 투자하는 나의 귀중한 연금이라고 생각해서 꼭 납입을 하는 게 좋겠다.

연금보험료는 [가입자의 기준소득월액×연금보험료율]로 산정되며 매월 납부해야 한다. 기준소득월액은 매달 근로소득에서 비과세 근로소득을 뺀 것이고 연금보험료율은 9%다.

연금보험료 = 가입자의 기준소득월액 × 연금보험료율
= (소득−비과세 소득) × 0.09

그렇다면 매달 위와 같은 연금보험료를 냈을 때 국민

연금은 실제로 어느 정도나 받을 수 있을까? 예를 들어 보자. 현재 43세인 직장인 철수는 사업장가입자이며 매달 375만 원의 소득 중에서 33만7천500원을 보험료로 낸다. 만기 시에 보장 혜택뿐만 아니라 원금의 99.9%까지 환급받을 수 있는 최고보험료를 내는 것이다. 이때 앞으로 국민연금법이 개정되지 않아 보험료가 더 이상 오르지 않을 것이라고 가정하면 철수는 2035년 65세부터 매달 120만 원 정도를 노령연금으로 받게 된다.

국민연금을 납부하고 향후 얼마나 받을 수 있는지는 국민연금 홈페이지나 콜센터에서 대략적으로 알 수 있다.

### 국민연금 임의가입자 3년 새 7배
〈포커스신문사〉 이윤경 기자

**전업주부 노후대책으로 각광**
**40~50대 83.7% · 여성 80.8%**

전업주부 등을 중심으로 국민연금 임의가입자가 대폭 늘어난 것으로 나타났다.

5일 국민연금공단에 따르면 의무가입 대상은 아니지만 자발적으로 국민연금에 가입해 보험료를 납부하는 임의가입자가 2008년 2만7천614명에서 2012년 19만6천406명으로 7배 증가했으며 지난해만 8만 명 이상 늘어났다고 한다. 올해 들어서는 월 평균 임의신규가입자 수가 1만4천728명으로 증가폭이 더욱 가팔라지고 있다.

2011년 임의신규가입자를 분석한 결과 연령대별로는 40~50대가 83.7%를 차지해 노후 준비가 시급한 계층이 주로 가입한 것으로 나타났다. 성별로는 여성 가입자가 80.8%로 집계되었다. 특히 과거 국민연금을 납부한 경험이 있는 사람들이 70% 이상이었으며, 이들은 재가입을 통해 연금수급권을 취득하거나 연금액을 늘리기 위한 경우가 대부분이었다. 2010년 이전에는 대도시 거주자들이 주로 가입한 반면 최근에는 전국적으로 고르게 가입이 증가하고 있다.

서울시 자치구별 가입률도 과거에는 강남구, 서초구 등 소득이 높은 강남권이 높았으나, 지난해에는 중구 및 동대문구 등에서 가입 증가율이 높게 나타났다.

2012.4.6

**040** ● 퇴직연금

  퇴직연금은 노후자금 보장과 생활안정을 위해 근로자
가 매월 일정한 액수회사와 본인이 부담한 금액를 재직기간 동
안 외부의 금융기관에 위탁해 관리 · 운용하고 퇴직 시
연금으로 받는 제도를 가리킨다.

  2005년 12월부터 근로자퇴직급여보장법의 시행과 함
께 퇴직연금제도가 마련되었고, 2012년 7월 26일부터
는 근로자퇴직급여보장법이 개정되어 개정법률 시행일
이후 새로 개업한 사업장에 대해서는 사업 시작 후 1년
이내에 퇴직연금제도를 도입하는 것이 의무화되었다.
정부에서 이러한 제도를 의무화한 이유는 국민연금으로
는 실질적인 연금생활을 하는 데 부족함이 있다고 여겼
기 때문일 것이다.

  각 회사는 노사 합의에 따라 확정급여형퇴직연금,
DBDefined Benefit Retirement Pension와 확정기여형퇴직연금,
DCDefined Contribution Retirement Pension, 이렇게 두 연금제
도 중 하나를 택하게 된다. DB형은 근로자가 받을 연금
액이 사전에 확정되는 제도로 적립금의 60%는 사외에,

나머지는 사내에 적립되어 운영된다. DC형은 근로자가 받을 퇴직급여가 적립금 운용실적에 따라 변동되는 제도다. 근로자 개인별 계좌의 적립금을 근로자가 직접 운용하게 되므로 운용수익에 따라 연금액이 달라질 수 있다. 회사 파산으로 퇴직금을 못 받은 사람이 받아야 할 금액을 모두 합치면 4천700억 원에 달한다는 사실을 봤을 때 나의 안정적인 퇴직금을 위해서는 DB형을 선택하는 게 낫다. 퇴직금 전부를 외부 금융기관에 맡겨서 관리할 수 있기 때문이다.

그렇다고 DB형이 무조건 좋은 것만은 아니다. 사회초년생일 경우 임금이 꾸준히 상승될 것이라고 예상할 수 있다면 DC가 더 좋기 때문이다.

임금상승률이 동결되거나 하락하고, 회사의 경영상태가 불안한 경우에는 DB, 안정적이고 임금상승률이 높은 경우에는 DC형을 선택하게 된다. 본인이 다니는 회사가 어떤 제도를 선택했는지 알아보고 관심을 가지면 좋을 것이다.

**DB와 DC의 차이점**

| | |
|---|---|
| **확정급여형퇴직연금** **(DB)** | 근로자가 받을 연금액이 사전에 확정되는 제도 |
| | 임금상승률이 동결되거나 하락하고, 회사의 경영상태가 불안한 경우 유리함 |
| **확정기여형퇴직연금** **(DC)** | 근로자가 받을 퇴직급여가 적립금 운용실적에 따라 변동되는 제도 |
| | 임금상승률이 높고 회사의 경영상태가 안정적인 경우 유리함 |

## 041

● 개인연금
-연금저축신탁, 연금저축보험, 연금저축펀드

　개인연금에는 여러 가지 상품이 있다. 그중에 수익도 보고, 세금 혜택도 받을 수 있는 연금에 가입을 하면 일석 이조의 효과를 보게 될 것이다. 연금저축신탁, 연금저축 보험, 연금저축펀드의 공통점이 바로 근로소득자나 사업 소득자나 관계없이 연간 400만 원의 소득공제를 해준다는 것이다. 국민연금이나 퇴직연금 등만으로는 국민들의 노후생활에 대한 걱정이 줄지 않기 때문에 정부에서 이러한 세제 혜택을 주는 것이 아닌가 생각해본다. 이 상품들을 자세히 비교해보면 은행에서 가입할 수 있는 상품, 보험회사에서 가입할 수 있는 상품, 증권회사에서 가입할 수 있는 상품이라는 것 말고도 차이점이 있다는 것을 알 수 있다.

　대체적인 전문가들의 견해에 따르면 증권사에서 가입할 수 있는 연금저축펀드가 매우 현명한 선택이라고 한다. 신탁은 이자가 낮고 보험은 변동금리를 따르는 공시 이율을 적용하는 반면 펀드는 투자를 하면서 더 높은 수익까지 볼 수 있기 때문이다. 매년 물가상승률이 대략

3~4%가량 되는데, 이보다 높은 이자율을 쫓다 보면 투자한 성과를 기대해볼 만도 해서 아마도 많이들 권하지 않나 생각한다.

물론 보장이 필요한 경우 보험회사에서 가입할 수 있는 상품도 좋다. 금리는 그리 높지 않지만 보장을 받을 수도 있고 생명보험일 경우 종신연금 형태로도 연금을 받을 수 있기 때문이다. 개인의 필요에 따라 가입할 수 있고, 또 이미 가입한 경우라면 일부의 절차를 통해 각 회사별 이동이 가능하다는 것도 장점이다.

소득이 많은 사람이 이러한 연금 상품에 가입하게 되면 종합소득세의 최고세율인 35%가 적용되는데, 이 때 소득공제액은 최고 140만 원 정도 이득이 된다. 매월 34만 원씩 납부를 했다고 가정했을 때 3.5%의 주민세까지 가산하면 조금 더 이득을 볼 수 있다. 수익이 하나도 없더라도 35%가 확정적이라면 오히려 이득이기 때문에 가입을 안 할 이유가 없다. 또한 자영업자들이 소득공제 상품에 가입한다면 연금 준비와 동시에 절세 부분에서 도움이 되리라 생각한다.

**개인연금의 종류**

| 종류 | 특징 | 취급기관 |
|------|------|----------|
| 연금저축신탁 | 이자가 낮음 | 은행 |
| 연금저축보험 | 변동금리를 따르는 공시이율을 적용 | 보험회사 |
| 연금저축펀드 | 투자를 하면서 더 높은 수익을 볼 수 있음 | 증권회사 |

## 042

즉시연금보험

즉시연금보험이란 일반 연금보험처럼 매달 일정한 보험료를 납부하는 게 아니라 목돈을 일시불로 납부해서 연금을 바로 받는 형식의 보험이다. 즉시연금이기 때문에 연금을 다음 달부터 수령할 수 있지만 일반적으로 일정 기간을 거치한 후 수령한다. 아무래도 조금 묵혀두었을 때 연금액을 더 받을 수 있다.

가입할 때 꼭 선택해야 하는 것이 있는데 종신형, 확정형, 상속형 중 연금을 어떤 식으로 수령할 것인지가 그것이다. 종신형은 피보험자보험대상자가 사망하는 시점까지 연금이 지급되는 것으로 10년, 20년 보증이 있다. 그런데 연금을 오랫동안 받으려고 종신형을 택했음에도 불구하고 10년 이내에 사망한다면 10년, 혹은 20년까지 연금을 상속인에게 보증해주기도 한다. 확정형은 10, 15, 20년 등 연금 받을 기간을 확실히 정해 짧고 굵게 연금을 받을 수 있는 형태다. 상속형은 목돈을 적립하고 그 금액에 대한 이자만 수령해 원금은 나중에 피보험자가 사망했을 때 상속인에게 상속하는 방법이다.

즉시연금이라 하더라도 일반 연금처럼 10년을 유지했을 때 비과세 혜택을 받을 수 있다. 만약 10년 이내에 피보험자가 사망을 한다고 해도 종신형일 경우 10년, 혹은 20년 보증을 받을 수 있기 때문에 상속인에게 10년 이상 연금액이 지급되어 역시 비과세 혜택을 받을 수 있다. 하지만 상품에 가입한 즉시 연금을 받은 상황에서는 계약 해지가 불가능하다는 사실도 명심해야 할 것이다.

회사를 퇴직했는데도 특별히 연금을 준비하지 못한 사람들은 즉시연금보험에라도 가입해 노후생활의 안정성을 확보해야 할 것이다. 또한 즉시연금보험은 꼭 나이가 많은 사람이 가입해야 좋은 것은 아니다. 45세 이상의 목돈이 있는 사람도 즉시연금에 가입하면 현재의 생활뿐만 아니라 은퇴 이후의 생활 역시 윤택하고 안정적으로 영위해나갈 수 있을 것이다.

## 043 ● 주택연금

　주택연금은 만 60세 이상의 고령자가 소유한 주택을 담보로 맡기고 매달 연금 방식으로 노후생활자금을 평생 지급받는 금융상품이며 국가가 보증한다. 일반적으로는 주택을 구입하기 위해 대출을 일시금으로 받은 다음 그 주택을 담보로 제공하고 장시간에 걸쳐서 대출원리금을 분할상환하는 방식으로 지불하는데 이것을 일반 모기지론이라고 한다. 반대로 이미 보유하고 있는 주택을 담보로 제공하고 대출금을 일시금이 아닌 연금 형태로 받는 것이 역모기지론, 즉 주택연금이다. 만기가 되면 주택을 매각해 상환하는 방식이기 때문에 그렇게 부르는 것이다.

　주택연금은 한국주택금융공사에서 연금 가입자를 위해 은행에 보증서를 발급해주고 은행이 공사의 보증서에 따라 가입자에게 연금을 지급하는 방식으로 이루어진다. 따라서 신청은 은행이 아니라 주택금융공사에서 해야 한다. 가입 시 본인과 배우자 모두 만 60세 이상이어야 하며 부부를 기준으로 시가 9억 원 이하의 주택을 한 채만 소유하고 있어야 한다.

연금지급 방식에는 종신지급 방식과 종신혼합 방식이 있는데 그중에서도 각각 정액형, 증가형, 감소형을 선택할 수 있다. 종신지급 방식은 수시로 인출하지 않은 채 매달 연금을 받는 형식이고, 종신혼합 방식은 30%~50%라는 한도를 설정한 후 수시로 인출을 하면서 나머지를 월 지급금으로 받는 형식이다.

## 월 지급금 비교

| 가입연령 | | 60세 | 65세 | 70세 | 75세 | 80세 |
|---|---|---|---|---|---|---|
| 종신지급(정액형) | | 720 | 860 | 1,039 | 1,279 | 1,609 |
| 증가형 | 가입 시 | 507 | 626 | 784 | 1,003 | 1,311 |
| | 5년 후 | 588 | 726 | 909 | 1,348 | 1,520 |
| | 10년 후 | 681 | 842 | 1,054 | 1,163 | 1,762 |
| | 15년 후 | 790 | 976 | 1,222 | 1,348 | 2,042 |
| | 20년 후 | 916 | 1,131 | 1,417 | 1,563 | 2,368 |
| 감소형 | 가입 시 | 961 | 1,124 | 1,326 | 1,811 | 1,936 |
| | 5년 후 | 825 | 965 | 1,138 | 1,589 | 1,663 |
| | 10년 후 | 708 | 829 | 978 | 1,365 | 1,428 |
| | 15년 후 | 608 | 711 | 839 | 1,172 | 1,226 |
| | 20년 후 | 522 | 611 | 721 | 864 | 1,053 |

＊일반주택, 종신지급 방식, 주택가격 3억 원, 2012년 2월 기준
(단위:천 원)

주택연금의 장점은 평생 동안 가입자와 배우자 모두에게 거주와 연금 지급을 보장하기 때문에 거주와 생활비에 대한 문제를 걱정하지 않아도 된다는 것이다. 또한 이는 국가가 보증하기 때문에 연금 지급이 중단될 일도 없을 것이다. 금리는 [CD양도성예금증서의 3개월 금리 + 1.1%]로 상대적으로 낮은 편이지만 재산세가 25% 감면되는 세제 혜택도 있다. 게다가 만약 주택연금제도를 받고 있는 가입가자 사망한다면 주택은 처분 가격으로 일시에 상환해야 하는데, 상환금이 주택의 처분 가격 범위 내에서 한정된다는 것도 장점이다. 즉, 주택가격이 대출 잔액보다 적더라도 부족분을 상속인에게 청구하지 않는 것이다. 반면 만약 주택가격이 대출 잔액보다 클 경우 남은 돈은 상속인에게 돌려준다.

그렇지만 연금액이 다른 월 지급식 펀드나 즉시연금에 비해 상대적으로 낮다는 점과 한번 가입하면 다른 지역으로 이사하는 데도 제약이 있다는 몇 가지 주의사항을 염두에 두어야 한다.

# 044 확정금리형 상품과 실적배당형 상품

확정금리형 상품은 가입한 시점부터 일정 기간 동안 동일한 금리가 적용되는 상품이다. 고정금리라고도 한다.

확정금리형 상품은 금리가 정해져 있기 때문에 높은 금리를 책정하기가 힘들다. 하지만 안정적인 소득을 원하는 사람들이라면 확정금리형 상품을 선택하는 것이 맞을 것이다. 또 예금자보호를 5천만 원까지 해준다는 장점도 있다.

반면 실적배당형 상품은 원금이 손실될 가능성이 있는 투자형 상품이라고 할 수 있다. 예금자보호를 받지 못하는 단점이 있기는 하지만 펀드와 같은 상품의 운용 실적에 따라 배당이 되고, 유가증권과 같은 투자자산에서 수익이 잘 나는 경우에는 많은 배당을 받을 수 있기 때문에 긍정적으로 생각해볼 만하다. 또한 요즘과 같은 저금리 시대에 확정금리형 상품으로는 큰 수익을 내지 못하지만 장기적이고 날카로운 안목으로 실적배당형 상품에 투자를 하면 높은 수익을 얻을 수 있는 가능성이 충분하다.

그런데 실적배당형 상품에 투자할 때 주식의 비중을 어떻게 정해야 할지 모르는 사람들이 많이 있다. 주식에 너무 많이 비중을 두면 위험성이 높아지고 너무 적게 비중을 두면 수익이 낮아진다. 그래서 보통은 [100-본인의 나이=주식투자 비중]의 식으로 투자하고는 한다. 30세라면 투자금의 70%를 주식에 투자하는 것이, 60세라면 좀 더 안정적으로 채권에 더 많은 투자를 하는 것이 좋겠다.

실적배당형 상품의 경우 복리식 계산법이 적용되기 때문에 젊은 시절 약간의 위험을 무릅쓰더라도 장기적으로 꾸준히 적립하는 목표를 두고 투자를 한다면 많은 수익을 얻게 될 수도 있을 것이다. 반면 40~50대들은 지나치게 공격적으로 주식에 투자하는 것을 고려해보아야 한다. 은퇴를 앞두고 있는 사람에게는 안정적으로 자산을 유지하는 것이 더 큰 성공이라고 할 수 있기 때문이다.

## 045

● 1%의 비밀

어떤 사람이 한국에서 미국을 가려고 배를 탔다고 가정해보자. 그런데 이때 한국에서 1도만 기울인 채로 출발한다면 나중에 도착하는 곳은 미국이 아닌 멕시코가 될 것이다.

실제로 1도는 그리 큰 각도가 아니지만 이렇듯 그 위력이 사람의 인생에 영향을 미친다. 이 사람은 배가 육지에 다다르기 전까지 본인이 가는 곳이 미국인 줄 알 것이기 때문이다.

마찬가지로 금융에서도 1%의 금리 차이는 아주 많은 변화를 야기한다. 특히 복리식 계산법에서는 더 많은 차이가 난다. 우리가 쉽게 생각하는 1%가 아주 많은 것을 얻게 만들 수도, 잃게 만들 수도 있는 것이다.

한국의 담보대출 규모가 300조 원 정도라고 한다면 그 1%는 3조 원이다. 평생 동안 돈을 벌어도 3억 원 모으기가 결코 쉽지 않은 현실을 고려하면 3조 원이라는 돈은 매우 천문학적으로 느껴질 수밖에 없는 금액이다.

1%의 이자율을 위해 발품을 팔고 많은 정보를 습득하여 계속적인 적립을 해나긴디면 나중에 독자들이 자산에는 많은 발전이 있을 거라고 예상을 해본다.

## 046

인터넷뱅킹

인터넷뱅킹은 인터넷을 통해 은행에서 제공하는 금융 업무를 처리할 뿐만 아니라 각종 유익한 금융 정보와 기능을 이용할 수 있는 서비스를 가리킨다. 개인정보의 보안에 좀 더 신경을 쓰는 등 주의사항을 숙지하고 잘만 활용하면 매우 편리하고 신속하게 업무 처리를 할 수 있다. 또 휴일에 은행 업무가 필요한 경우에도 언제든지 활용할 수 있다는 장점이 있어 인터넷뱅킹은 이미 대중화되었다. 은행 차원에서도 다양한 고객층을 확보하고 은행 지점의 창구 수를 줄임으로써 운영 제반 비용을 절감하는 효과를 얻는다.

신청은 신분증을 가지고 은행에서 하면 되는데, 통장이 없다면 통장을 같이 개설하면서 신청하고 통장이 있다면 인터넷뱅킹만 신청하면 된다. 이때 보안카드를 받는데 이것은 여러 가지 업무를 볼 때 꼭 필요한 것이기 때문에 잘 관리해야 한다. 이제 집에 와서 해당 은행의 인터넷뱅킹 사이트에 접속한 후 ID와 패스워드를 입력하고 공인인증센터에서 공인인증서를 발급받으면 된다.

컴퓨터 하드디스크에 공인인증서를 저장할 수도 있지만 USB 등 외부 저장장치에 따로 저장해 관리하는 것도 좋은 방법일 수 있다.

이체 업무를 한 번 보기 위해서는 적어도 통장 비밀번호, 온라인 이체비밀번호, 보안카드 번호, 공인인증서 비밀번호, 이렇게 네 가지의 번호를 입력해야 한다. 조금 복잡하다고 느낄 수도 있겠지만 통장에 있는 나의 소중한 자산을 지키기 위해서이니 결코 까다롭다 할 일이 아니다. 그렇지 않으면 최근에 점점 진화하고 있는 보이스피싱 사건과 같은 위험에 연루될지도 모른다. 인터넷뱅킹의 장단점을 잘 숙지하고 피해를 보는 일이 없도록 해야 할 것이다.

LEVEL UP-05
상식 폭 넓히기

### 홈뱅킹의 종류

| | |
|---|---|
| **폰뱅킹** | 전화를 걸어서 각종 조회, 예금 및 대출에 대한 상담, 자금 이체 따위의 은행 업무를 처리하는 일 |
| **인터넷뱅킹** | 인터넷을 통해 입출금 등 은행 관련 업무를 보는 일 |
| **스마트폰뱅킹** | PDA와 휴대폰이 결합된 형태의 고기능 단말기를 이용하여 은행이 제공하는 전용프로그램을 다운받아 조회, 이체 등의 은행 업무를 처리하는 일 |

# 047 월급통장

사회초년생이라면 월급통장을 어떻게 관리할지도 매우 중요하게 생각해봐야 한다. 각 은행에서 월급통장에 여러 가지 혜택을 주는 경우가 많기 때문이다. 이러한 월급통장은 보통 하루만 돈을 맡겨도 이자가 지급되는 CMA로 개설된다. 또한 폰뱅킹이나 인터넷뱅킹, ATM 사용 시 각종 금융수수료가 면제되기도 하고, 월급통장의 은행을 주거래 은행으로 정해 많은 거래를 하다 보면 신용이 쌓여 대출받을 일이 생겼을 때 좀 더 유리한 조건으로도 받을 수 있다. 각 은행마다 거의 월급통장을 출시하고 있는데, 각 상품들의 특징을 잘 살펴보고 본인에게 맞는 통장을 선택해서 가입해야 한다.

### 시중은행의 월급통장

| 은행 | 통장이름 | 금리(연%) |
|------|----------|-----------|
| 국민 | KB스타트 통장 | 4 |
| 기업 | IBK급여통장 | 3.2 |
| 농협 | 채움스마티통장 | 3 |

| 산업 | KDB다이렉트하이이가운트 | 3.50 |
|---|---|---|
| | KDB드림자산관리 | 0.20 |
| 신한 | 직장인통장 | 0.1 |
| 우리 | 신세대통장 | 4.1 |
| | 우리급여통장 | 2.2 |
| 하나 | 빅팟 슈퍼월급통장 | 3 |
| 한국씨티 | 참좋은 수수료제로통장 | 4 |

　대부분의 월급통장은 몇 가지 조건만 충족시키면 높은 금리를 제공하고 폰뱅킹, 인터넷뱅킹뿐만 아니라 ATM의 타행출금에서도 수수료 면제 혜택을 누릴 수 있다. 다른 것에 비해 금리가 낮은 대신 여러 가지 부가적인 서비스를 더 많이 제공하는 상품도 있기 때문에 이것저것 잘 따져보고 이용하면 좋겠다.

　1천 원 내외인 은행수수료도 절약해서 모으면 나중에 큰돈이 될 수 있고 이자 혜택까지 받을 수 있기 때문에 월급통장을 개설하는 일은 매우 훌륭한 재테크를 시작하는 것이라고 생각한다.

## 048

● 예금자보호제도

　예금자보호제도란 금융회사가 부실화되어 예금자에게 예금을 지급할 수 없을 때 예금보험공사가 각 금융회사를 대신해 1인당 5천만 원<sub>원금과 이자의 합계액</sub>의 한도 내에서 예금을 지급<sub>보호</sub>해주는 제도다.

　따라서 우선 가입하고자 하는 상품이 예금자보호가 되는지 알아봐야 할 것이다. 은행에서 가입했다 하더라도 실적배당 상품이나 금리가 조금 더 높은 후순위채권 등의 상품은 보호되지 않기 때문이다. 또한 보호되는 한도는 각 금융회사별로 1인당 5천만 원이기 때문에 같은 금융회사인 경우 지점이 다르더라도 5천만 원밖에 보호가 안 된다는 점도 잘 기억해야 할 것이다.

　예금자보호가 되는 금융기관은 정해진 은행법에 따라 국민, 우리, 신한, 하나은행 등 시중은행이며, 특별법에 의해 설립된 농협, 수협, 임협 같은 금융기관도 포함된다. 또한 증권회사나 보험회사, 상호저축은행들에서도 예금자보호가 가능하다.

　금융권을 구분해보자. 제1금융권은 통상 은행권을 가

리키며, 제2금융권은 은행을 제외한 세도권 금융기관,
즉 증권, 보험회사, 상호저축은행 및 새마을금고 등이
다. 또 제3금융권에는 대부업체 등이 포함되고, 제4금융
권은 캐피탈이나 사채시장을 가리킨다. 따라서 대체적
으로 제2금융권 정도까지 예금자보호법이 적용된다.

### 각 금융권의 예금자보호

| | | |
|---|---|---|
| **제1금융권** | 통상 은행권 | 예금자보호 |
| **제2금융권** | 증권, 보험회사, 상호저축은행, 새마을금고 등 은행을 제외한 제도권 금융기관 | |
| **제3금융권** | 대부업체 | 예금자비보호 |
| **제4금융권** | 캐피탈, 사채시장 | |

　새마을금고나 신협, 단위 농·수협의 경우 각 기관의
중앙회가 기금을 마련해 예금자보호를 해준다. 금액은
원리금을 포함해 5천만 원으로 동일하다.

　2011년도 말에 저축은행 중 16곳이나 문을 닫는 등
그 업계가 신뢰를 매우 잃고 있긴 하지만 모든 상호저축
은행이 그런 것은 아니기 때문에 내가 투자하는 은행의
신용도를 잘 살펴야 한다. 자신의 돈을 지키는 것은 자
신의 몫이므로 꼭 염두에 두어야 할 것이다.

　다음은 예금보험공사 홈페이지에 나와 있는 보호대상
금융상품과 비보호대상 금융상품이다.

## 보호 금융상품과 비보호 금융상품

| 구분 | 보호 금융상품 | 비보호 금융상품 |
|---|---|---|
| 은행 | · 보통예금, 기업자유예금, 별단예금, 당좌예금 등 요구불예금<br>· 정기예금, 저축예금, 주택청약예금, 표지어음 등 저축성예금<br>· 정기적금, 주택청약부금, 상호부금 등 적립식예금<br>· 외화예금<br>· 원금이 보전되는 금전신탁 등<br>· 예금보호 대상 금융상품으로 운용되는 확정기여형 퇴직연금 및 개인퇴직계좌 적립금 등 | · 양도성예금증서(CD), 환매조건부채권(RP)<br>· 금융투자상품(수익증권, 뮤추얼펀드, MMF 등)<br>· 특정금전신탁 등 실적배당형 신탁<br>· 은행발행채권 등<br>· 주택청약저축, 주택청약종합저축 등 |
| 투자매매업자<br>·<br>투자중개업자 | · 금융상품 중 증권 등의 매수에 사용되지 않고, 고객계좌에 현금으로 남아 있는 금액<br>· 자기신용대주담보금, 신용거래계좌 설정보증금, 신용공여담보금 등의 현금 잔액<br>· 원금이 보전되는 금전신탁 등<br>· 예금보호 대상 금융상품으로 운용되는 확정기여형 퇴직연금 및 개인퇴직계좌 적립금 등 | · 금융투자상품(수익증권, 뮤추얼 펀드, MMF 등)<br>· 선물·옵션거래예수금, 청약자예수금, 제세금예수금, 유통금융대주담보금<br>· 환매조건부채권(RP), 증권사 발행채권<br>· 종합자산관리계좌(CMA), 랩어카운트, 주가지수연계증권(ELS), 주식워런트증권(ELW) 등 |

| | | |
|---|---|---|
| **보험** | · 개인이 가입한 보험계약<br>· 예금보호 대상 금융상품으로 운용되는 확정기여형 퇴직연금 및 개인퇴직계좌 적립금 등<br>· 원금이 보전되는 금전신탁 등 | · 보험계약자 및 보험료납부자가 법인인 보험계약<br>· 보증보험계약, 재보험계약<br>· 변액보험계약 주계약 등 |
| **종금** | · 발행어음, 표지어음, 어음관리계좌(CMA) | · 금융투자상품(수익증권, 뮤추얼펀드, MMF 등), 환매조건부채권(RP), 양도성예금증서(CD), 기업어음(CP), 종금사발행채권 등 |
| **상호<br>저축은행** | · 보통예금, 저축예금, 정기예금, 정기적금, 신용부금, 표지어음 등<br>· 상호저축은행 중앙회 발행 자기앞수표 등 | · 저축은행 발행채권(후순위채권) 등 |

\* 2012년 4월 1일 현재

## 049

이자소득세 절세

우리가 은행에서 적금에 가입하고 몇 년 후 만기가 되어 이자에 대한 소득이 발생하면 보통 이자소득세를 내게 된다. 순수 이자가 100만 원이라고 가정했을 때 이자소득세는 15.4%가 된다. 따라서 15만4천 원을 이자소득세로 내고, 84만6천 원을 받게 되는 것이다.

그런데 세금우대종합저축을 선택하면 9.5%의 이자 · 배당소득세만 내면 되므로 조금 더 이득이 될 수 있다. 보통의 경우 1천만 원까지 가능하지만 만 60세 이상이나 장애인은 3천만 원까지도 혜택을 받을 수 있다. 이 제도는 오는 2014년까지만 실시하기 때문에 빨리 알아보는 게 좋을 것이다.

만 20세 이상의 일반인이라면 농협, 축협, 신협과 같은 은행권과 새마을금고의 상품 중 이자소득세로 1.4%의 농특세만 내는 세금우대저축도 생각해볼 만하다. 한도는 3천만 원까지이며 거의 비과세나 다름없는 상품이므로 가입하는 것도 좋겠다.

비과세 혜택을 주는 상품들도 있다. 60세 이상 노인

과 장애인, 독립유공자, 기초생활수급자 등이 가입할 수 있는 생계형 저축은 원금 3천만 원까시 이자·배당소득세를 면제받는다. 또한 장기저축성 보험에도 10년 이상 유지 시 비과세 혜택을 주는 상품이 있다.

　과거에는 비과세 혜택을 받을 수 있는 상품들이 많이 있었지만 최근에는 그런 상품들이 점점 없어지는 추세다. OECD국가 중에서 이자에 내한 소득세를 가장 적게 내는 나라가 바로 한국이며, 비과세가 있는 유일한 나라 또한 한국이기 때문이다. 정부도 과도한 복지 정책에 대한 예산을 채우기 위해 세금을 모을 수밖에 없는 상황이기 때문에 거의 대부분의 금융회사에서 비과세가 적용되는 상품에 가입하기가 쉽지 않다.

# 050 장기주택마련저축

　장기주택마련저축에도 비과세 항목이 있지만 가입 조
건이 약간 까다롭다. 무주택 세대나 국민주택규모25.7평
이하면서 기준시가가 3억 원 이하인 주택을 한 채만 소
유한 사람이어야 가입할 수 있다. 이 상품에 가입해 7년
이상 저축을 유지할 경우 이자소득에 대한 비과세 혜택
을 받는다. 또 근로소득자의 경우 추가적으로 2012년까
지 저축한 돈의 40% 범위 내최고300만 원에서 소득공제가
가능하다. 예전에는 사회초년생이 가입해야 할 1순위
상품이었지만 이제는 2010년 이후의 가입자일 경우 소
득공제 혜택을 받을 수 없고, 앞으로 비과세 혜택도 폐
지된다는 말이 있다. 기존 가입자와 올 연말까지 가입하
는 사람에게는 내년 이후에도 비과세 혜택을 준다고 하
는 것을 보면 조금 더 연장될 가능성도 있을 듯싶다. 그
러니 비과세 혜택을 받을 수 있을 때 빨리 가입하는 게
유리하겠다.

# 051 ● 표면금리와 실질금리

표면금리란 채권 표면에 적혀 있는 금액인 액면가액에 대한 연가 이자지급률로 채권 표면에 표시한 금리다. 마찬가지로 은행에서 적금이나 예금에 가입할 때의 금리 역시 표면금리라고 할 수 있겠다.

그렇다면 실질금리란 무엇일까? 실질금리는 내가 만기 시 탈 수 있는 실제 이자율이다. 그런데 이때 은행에서의 표면금리와 실질금리가 많이 차이 나는 것이 문제가 된다.

은행에서 1천만 원을 예금할 때 5%의 금리가 적용된다고 하면 1년 후에는 1천50만 원이 되는데, 이때의 표면금리와 실질금리는 차이가 없다. 하지만 정기적금인 경우에는 실제로 5%가 지급되지 않는다. 첫 달에 100만 원을 적금하면 5만 원의 이자가 붙지만 두 번째 달에는 5%의 금리 중 11개월 치만 반영되기 때문에 4만5천833원밖에 되지 않는다. 이런 식으로 계산을 해보면 다음과 같다.

|  | 월적금액 | 이율 | 계산식 | 이자분 |
|---|---|---|---|---|
| 1회차 | 1,000,000 | 5.00% | 1000000X5%X12/12 | 50,000.00 |
| 2회차 | 1,000,000 | 5.00% | 1000000X5%X11/12 | 45,833.33 |
| 3회차 | 1,000,000 | 5.00% | 1000000X5%X10/12 | 41,666.67 |
| 4회차 | 1,000,000 | 5.00% | 1000000X5%X9/12 | 37,500.00 |
| 5회차 | 1,000,000 | 5.00% | 1000000X5%X8/12 | 33,333.33 |
| 6회차 | 1,000,000 | 5.00% | 1000000X5%X7/12 | 29,166.67 |
| 7회차 | 1,000,000 | 5.00% | 1000000X5%X6/12 | 25,000.00 |
| 8회차 | 1,000,000 | 5.00% | 1000000X5%X5/12 | 20,833.33 |
| 9회차 | 1,000,000 | 5.00% | 1000000X5%X4/12 | 16,666.67 |
| 10회차 | 1,000,000 | 5.00% | 1000000X5%X3/12 | 12,500.00 |
| 11회차 | 1,000,000 | 5.00% | 1000000X5%X2/12 | 8,333.33 |
| 12회차 | 1,000,000 | 5.00% | 1000000X5%X1/12 | 4,166.67 |
|  | 12,000,000 |  |  | 325,000 |

따라서 표면금리가 5%인 정기적금의 실질금리는
[325,000/12,000,000X100%=2.71%]로 구할 수 있다.
여기서 이자소득세인 15.4%까지 떼면 실수령액은 1천
227만4천950원이 된다. 물가상승률을 3%라고 한다면
은행의 5% 정기적금은 실제로 마이너스 금리가 되는
것이다.

이렇게 시중에 나온 상품의 금리가 높다고 하더라도
4%에도 못 미치는 경우가 많다. 그래서 많은 사람들이
은행 쪽 적금보다는 적립식 펀드와 같은 투자를 선호하

곤 한다. 투자를 한다고 하더라도 안전하게 분산하고 장기적으로 계획을 세운다면 종잣돈을 모으는 데 적금보다 더 도움이 될 수도 있을 것이다.

# COFIX 금리
### -주택담보대출 금리

COFIX 금리란 2010년 2월 16일 처음으로 도입된 주택담보대출의 기준금리를 말한다. 그 전에는 CD 금리를 기준으로 대부분의 담보대출 금리가 정해졌고 움직였다. 하지만 은행에서 CD가 차지하는 비중이 적다 보니 자금을 조달할 때 그 비용을 대출 금리에 반영하지 못하는 한계점이 생겨 좀 더 현실적인 대안인 자금조달비용지수Cost of Funds Index, 즉 COFIX 금리를 병행해서 사용하게 되었다.

금리는 은행연합회가 시중의 아홉 개 은행의 자금조달 금리를 취합한 뒤, 은행별 조달 잔액을 고려해 가중평균 금리를 구하는 방식으로 산출되게 된다. 각 은행들의 정기예·적금, 주택부금, CD, 금융채 등의 조달 금리를 취합하며, 금리 수준이 낮은 요구불예금과 수시입출식 예금은 제외된다. 여기에 마진을 반영한 가산 금리가 붙어 실제 대출 금리가 정해진다.

이러한 COFIX는 은행의 월말 자금잔액을 기준으로 한 '잔액기준 COFIX'와 한 달 동안 새로 조달한 자금을 기준으로 금리를 계산한 '신규취급액기준 COFIX', 이렇게 두 가지로 나뉜다.

잔액기준 COFIX는 자금을 조달하고 남은 돈에 적용된 금리이다 보니 시중 금리에 둔감하게 반응하는 편이고, 신규취급액기준 COFIX는 은행이 새로 조달한 자금에 적용되는 금리이기 때문에 시중 금리에 민감하게 반응한다. 따라서 금리가 상승할 때는 잔액기준 COFIX가 좀 더 유리할 것이고, 반대로 금리가 하락하면 신규취급액기준 COFIX가 더 유리할 것이다.

다음은 전국은행연합회 사이트에 공시된 COFIX 통계다.

## COFIX 통계

| 대상 월 | 잔액기준 COFIX | 신규취급액기준 COFIX | 공시일 |
|---|---|---|---|
| 2010.1 | 4.11 | 3.88 | 2010.2.16 |
| 2010.2 | 4.10 | 3.62 | 2010.3.15 |
| 2010.3 | 4.11 | 3.26 | 2010.4.15 |
| 2010.4 | 4.03 | 2.86 | 2010.5.17 |
| 2010.5 | 3.95 | 2.89 | 2010.6.15 |
| 2010.6 | 3.92 | 3.01 | 2010.7.15 |
| 2010.7 | 3.89 | 3.10 | 2010.8.16 |
| 2010.8 | 3.88 | 3.16 | 2010.9.15 |
| 2010.9 | 3.84 | 3.09 | 2010.10.15 |
| 2010.10 | 3.76 | 3.01 | 2010.11.15 |
| 2010.11 | 3.72 | 3.10 | 2010.12.15 |
| 2010.12 | 3.72 | 3.33 | 2011.1.17 |

| | | | |
|---|---|---|---|
| 2011.1 | 3.70 | 3.47 | 2011.2.15 |
| 2011.2 | 3.73 | 3.63 | 2011.3.15 |
| 2011.3 | 3.78 | 3.66 | 2011.4.15 |
| 2011.4 | 3.84 | 3.67 | 2011.5.16 |
| 2011.5 | 3.88 | 3.66 | 2011.6.15 |
| 2011.6 | 3.93 | 3.70 | 2011.7.15 |
| 2011.7 | 3.95 | 3.80 | 2011.8.16 |
| 2011.8 | 3.96 | 3.77 | 2011.9.15 |
| 2011.9 | 3.96 | 3.70 | 2011.10.17 |
| 2011.10 | 3.95 | 3.71 | 2011.11.15 |
| 2011.11 | 3.95 | 3.69 | 2011.12.15 |
| 2011.12 | 3.97 | 3.77 | 2012.1.16 |
| 2012.1 | 3.96 | 3.75 | 2012.2.15 |
| 2012.2 | 3.94 | 3.73 | 2012.3.15 |
| 2012.3 | 3.93 | 3.72 | 2012.4.16 |
| 2012.4 | 3.92 | 3.69 | 2012.5.15 |
| 2012.5 | 3.91 | 3.63 | 2012.6.15 |

은행의 안정성,
자기자본비율

BIS<sub>Bank for International Settlement</sub>란 국제결제은행을 뜻하
므로 BIS 자기자본비율은 국제결제은행이 정한 은행의
위험자산 대비 자기자본비율을 말한다고 할 수 있다. 자
기자본비율은 [자기자본/위험가중자산×100]으로 산출
되는데, 은행들은 위험자산에 대해 최소한 8%의 자기자
본을 유지하도록 하고 있다.

$$자기자본비율 = \frac{자기자본}{위험가중자산} \times 100$$

따라서 자기자본비율을 높이려면 위험자산을 줄이거
나 자기자본을 늘리면 된다. 순수하게 자기자본을 늘리
기는 현실적으로 어렵기 때문에 보통은 후순위채권 발
행을 늘려 자기자본비율을 높이게 된다. 은행이 발행하
는 후순위채권은 자기자본으로 편입되기 때문이다. 이
것의 금리는 예금 금리보다 높기 때문에 투자자 입장에
서도 유리할 수 있겠지만 약간의 위험도 부담해야 한다
는 것을 명심해야 한다. 발행 회사가 파산할 경우 원리

금을 가장 늦게 받게 되고, 혹여 지급이 안 되더라도 예금자보호를 받을 수 없기 때문이다.

다음은 전국 상호저축은행을 인지도가 높은 순으로 정리해본 것이다. 이때 각 은행의 자기자본비율은 어떤지 한번 살펴볼 필요가 있다.

**상호저축은행별 자기자본비율**

| 순위 | 상호저축<br>은행명 | 적금 | 예금 | BIS | 본점<br>[지점수] |
|---|---|---|---|---|---|
| 1 | 현대스위스<br>저축은행 | 5.70% | 4.60% | 5.92% | 서울 강남구[5] |
| 2 | 서울저축은행 | 5.00% | 4.80% | 8.48% | 서울 강남구[6] |
| 3 | 현대스위스Ⅱ<br>저축은행 | 5.40% | 4.60% | 8.30% | 서울 강남구[3] |
| 4 | 동양저축은행 | 5.50% | 4.30% | 7.01% | 광주 동구 |
| 5 | 인천저축은행 | 5.40% | 4.40% | 8.24% | 인천 남구 |
| 6 | 안국저축은행 | 5.50% | 4.60% | 16.71% | 경기 파주시 |
| 7 | 삼성저축은행 | 5.50% | 4.30% | 15.97% | 서울 강남구[1] |
| 8 | 신안저축은행 | 5.50% | 4.40% | 9.64% | 서울 강남구 |
| 9 | 조흥저축은행 | 4.80% | 4.81% | 18.66% | 경남 통영시 |
| 10 | 모아저축은행 | 5.10% | 4.30% | 9.42% | 인천 남구[6] |

* 2012년 4월 13일 현재

# 054 주택종합청약저축

주택종합청약저축은 2009년 5월에 생긴 금융상품으로 기존의 청약통장<sub>청약저축, 청약부금, 청약예금</sub>을 한데 묶어 놓은 것이다. 따라서 이 통장 하나만 있으면 공공주택, 임대주택, 민간주택 등 모든 주택에 대한 청약이 가능한데 우리, 신한, 하나, 기업, 농협, 이렇게 다섯 개의 은행에서 취급하고 있다. 무주택세대주 여부와 연령을 따지지 않아 누구나 1인당 하나의 계좌에 가입할 수 있다. 2년 이상 유지라는 조건으로 4.5%의 높은 금리가 적용되며 일반과세<sub>15.4%</sub>, 세금우대<sub>9.5%</sub>, 생계형 비과세 중 하나를 선택해 세금 혜택도 누릴 수 있다. 또한 무주택세대주에게는 연말정산 때 연간 납입액<sub>120만 원 한도</sub>의 40%인 48만 원까지 소득공제를 해주는 혜택도 있다.

앞에서도 이야기했듯 주택소유 여부 및 가입 연령에 대한 제한이 없기 때문에 미성년자도 가입이 가능하다<sub>단, 2년 납입 이후 1순위가 되었더라도 20세 이상인 자에게만 주택청약권 부여</sub>. 또한 가입기간에도 제한이 없어 입주자로 선정되는 시점까지 불입이 가능하다. 매월 납입 금액은 2~50

만 원으로 5천 원 단위로 자유불입이 가능한데, 월 납입금 총액은 청약예금의 예치금 최대한도1천500만 원에서 50만 원까지 초과할 수 있다. 하지만 공공주택 청약의 경우 월 납입금이 10만 원으로 한정되어 10만 원을 초과하더라도 10만 원까지만 인정된다. 이미 청약예금이나 청약부금에 가입한 사람이 이 상품에 가입하기 위해서는 기존 통장을 해지하고 신규로 다시 가입해야 한다는 사실도 잊지 말자.

주택종합청약저축을 통해 주택청약도 준비하고, 예금자보호법이 적용되므로 보호도 받고, 높은 이자로 저금도 하고, 소득공제 혜택도 받을 수 있기 때문에 이는 만능 상품이라 할 수 있다. 따라서 직장 초년생이라면 주택마련 준비를 위해서 한 달에 10만 원 정도로 무조건 가입하기를 권하는 바다.

다음은 국토해양부에 나와 있는 입주자저축 비교표다.

**입주자 저축 비교표**

| 구분 | | 청약종합저축 | 청약저축 | 청약예금 | 청약부금 |
|---|---|---|---|---|---|
| **통장 가입 방법** | 대상 지역 | 전국 | | 시·군 지역(103개) | |
| | 가입 대상 | 연령, 자격 제한 없음 | 무주택 세대주 | 20세 이상 개인 (유주택자도 가능) | |
| | 저축 방식 | 매월 일정액 적립식 및 예치식 병행 | 매월 일정액 불입 | 일시불 예치 | 매월 일정액 불입 |

| | 저축 금액 | 월 2~50만 원 원칙 | 2~10만 원 | 200~1,500만 원(규모·지역별 차등) | 월 5~50만 원 |
|---|---|---|---|---|---|
| | 이율 적용 | 기간별 금리적용<br>–1개월 미만: 무이자<br>–1년 미만: 연 2.5%<br>–1년 이상~2년 미만: 연 3.5%<br>–2년 이상: 연 4.5% | | 가입 당시 약정이율 | |
| | 취급 기관 | 국민주택기금 수탁은행(우리, 농협, 기업, 신한, 하나) | | 전국 16개 은행 | |
| | 회세 | 주택기금 계정 | 주택기금 계정 | 은행 계정 | 은행 계정 |
| **청약 방법** | 대상 주택 | 모든 주택 | 전용 면적 85m² 이하 공공기관건설 주택 등 | 모든 민영주택 (85m² 초과 공공주택도 가능) | 전용 면적 85m² 이하 민영주택 |
| | | | 민간건설 중형 국민주택(60~85m²) | | |
| | 1 순위 | 가입 후 2년 경과(매월 약정일에 24회 이상 납입)<br>–민영주택 청약을 위해서는 지역별 예치금 예치 | 가입 후 2년 경과, 24회 이상 납입 | 가입 후 2년 경과(지역별 예치금 예치) | 가입 후 2년 경과(매월 약정일에 납입해 지역별 예치액 도달) |
| | 주택 규모 선택 | 최초 청약 시점에 결정 | 통장 가입 시 결정 | | |

# 055 ● 주택 마련

    누구나 자기 집을 하나씩은 갖고 싶어 하며, 어떤 사람에게는 그것이 삶의 목표이자 가장 큰 계획이기도 하다. 하지만 요새 들어 전셋값은 천정부지로 올라가고 있고, 대출이자도 만만치 않아 집 사는 것을 많이 힘들어 하고 있다. 또한 전세로 사야 할지, 아니면 대출을 안고서라도 매매로 사야 할지부터 시작해 집을 산 후 그 집값이 오를지 걱정하는 것까지 고민해야 할 일도 한두 가지가 아니다. 게다가 뉴스 통계에 의하면 최근에는 수도권에서 지방으로 나가는 가구가 들어오는 가구보다 더 많다고 한다. 이와 같은 자료만 보더라도 수도권의 집값에는 어느 정도 거품이 있다는 사실을 알게 된다. 거의 쓰러져 가는 아파트가 몇 십억에 거래되기도 하니 말이다.

    그럼에도 불구하고 집을 사고자 한다면 어떻게 해야 할까? 먼저 자신이 어디에 살고 싶은지부터 따져보아야 한다. 학군이 좋고 역세권 지역에 있다면 집값은 무조건 오르게 마련이다. 그렇기 때문에 그런 곳에서 집을 사기란 만만치 않다. 하지만 언젠가 시기와 우연이 맞아떨어져 좋은 기회를 잡을 수도 있다. 따라서 그런 기회를 잡기 위해 발품을 팔고 노력을 기울여야 할 것이다. 우선 부동산에서 정보를 수집해야 하는데 주변에 괜찮은 집이 급매로 나오는지 찾아보는 것이 좋다. 부동산마다 잘 아는 단골들이 있으며 그 고객들의 상황이 조금씩 바뀌기 때문에 정보를 최대한 많이 수집하는 게 일반적인 집을 사기 위한 전략일 수 있다.

하지만 정작 중요한 돈이 없다면 어떻게 해야 할까? 매월 50만 원씩 주택 마련을 위한 저축을 한다고 해도 10년 후면 6천만 원 정도, 20년 후에야 1억2천만 원에 이자 조금이다. 이 돈이라면 수도권 진출은 포기해야 할 수도 있다.

바로 이때 정부에서 시행하는 분양주택을 생각해보는 것도 좋다. 오랫동안 청약저축에 가입해 있고 무주택 기간이 길며 부양해야 할 가족들이 많다면 당첨 순위가 올라갈 수 있을 것이다. 이외에 공공임대 방법도 있는데 일정한 시점까지 임대를 하다가 그 기간이 끝나면 좀 더 저렴한 가격에 분양을 받을 수 있는 것이다. 아니면 아예 내 집이 되는 것은 아니지만 정부에서 허락하는 기간까지 영구적으로 임대할 수 있는 국민임대를 생각해보는 것도 괜찮다.

최근에 가장 인기가 높은 것은 재건축 임대다. 공공

임대의 형태로 일정한 기간 동안 싼 임대료를 지불하고 나중에 집값 시세의 70~80% 정도로 집을 분양받는 것이다. 보통 임대기간은 10년이다. 하지만 그 지역에서 3~5년 이상 무주택으로 살아야 한다는 조건과 부양가족 수의 조건이 충족되어야 하는데 쉽지 않다. 한국토지주택공사 사이트에 계속 접속해서 이것저것 알아보고 노력해야 좋은 정보를 얻을 수 있을 것이다.

한편 앞으로는 집값이 예전만큼은 오르지 않을 것이라는 뉴스를 보면서 집을 사는 것도 그리 좋지만은 않겠다는 생각이 들지도 모른다. 여러 가지 선택의 기회가 많이 있다. 자신의 입장을 잘 정리해서 무엇이든 바로 실행에 옮겨보는 것이 좋겠다.

● 보금자리주택

보금자리주택이란 국가 또는 지방자치단체, 한국토지주택공사, 지방공사기 국기 또는 지방지치단체의 제정이나 국민주택기금을 지원받아 건설 또는 매입해 공급하는 중소형 분양주택과 임대주택을 말한다. 분양주택은 국민주택규모 이하의 주택을 판매해 공급하는 것이며, 임대주택에는 장기공공임대주택과 공공임대주택, 이렇게 두 가지가 있다.

정부의 '국민주거안정을 위한 도시공급 활성화 및 보금자리 주택 건설방안08.09.19'에 따라 추진 중인 보금자리주택은 중소형 주택의 공공분양 공급을 늘려 서민의 내 집 마련 기회를 확대하고 지분형 임대, 장기 전세, 영구 임대 등 주택을 다양하게 공급하는 것을 목적으로 한다. 또한 사전 예약을 한 수요자들에게 먼저 공급되니 미리 알아보는 것이 좋겠다. 보금자리주택은 공공임대주택만이 아니라 공공이 짓는 중소형 분양주택까지 포괄하는 새로운 개념의 주택으로 2018년까지 총 150만 호가 공급될 계획이다.

결론지어 말하자면 정부 정책으로 하여금 내 집 마련을 할 수 있는 기회를 잡기 위해서는 먼저 청약저축에 가입하고 보금자리주택 홈페이지를 지속적으로 살펴서 새로운 정보를 얻어야 한다는 것이다.

또한 보금자리주택의 경우 새로 분양되는 주택에 당첨된 뒤 그 주택을 일정한 기간 동안 사고팔지 못하도록 하는 전매제한제도나 거주 의무기간이 완화되는 등 더욱 유리한 조건이 적용되었다는 장점도 유념해볼 필요가 있다.

## 2018년 150만 호 목표는 어떻게 달성되나?

입주 자격조건은 일반공급 형태와 특별공급 형태, 이렇게 두 가지로 나뉜다.

우선 일반공급 자격조건은 다음과 같다.

| 1순위 | 청약저축에 가입해 2년이 경과된 자로 매월 약정 납입일에 월 납입금을 24회 납입한 무주택세대주<br>(단, 수도권 외 지역에서는 6개월 이상 납입자도 해당) |
|---|---|
| 2순위 | 청약저축에 가입해 6개월이 경과된 자로 매월 약정 납입일에 월 납입금을 6회 이상 납입한 무주택세대주 |
| 3순위 | 제1순위 및 2순위에 해당되지 않는 무주택세대주 |

같은 순위 안에서 경쟁이 있을 경우에는 특별공급 자격조건을 만들어 선정한다.

① **세 자녀 이상:** 미성년자인 자녀를 세 명 이상 둔 무주택세대주-건설량의 10%
② **노부모부양:** 65세 이상의 직계존속(배우자의 직계존속 포함)을 3년 이상 계속 부양하고 있는 무주택세대주(주민등록표상에 등재되어 있는 경우)-건설량의 5%
③ **신혼부부:** 혼인 기간이 5년 이내이고 그 기간에 출산(임신 중이거나 입양한 경우도 포함)해 자녀가 있는 무주택세대주, 월평균소득이 전년도 도시근로자 가구당 월평균소득에 못 미치는 자-건설량의 15%
④ **국가유공자:** 5·18 민주유공자, 특수임무수행자, 참전유공자 등-건설량의 10%
⑤ **기관추천자:** 북한이탈주민, 철거민, 공무원, 일군위안부, 장애인, 군인, 중소기업근로자 등-건설량의 10%

## 057

● 교육비 마련


　자녀가 있는 사람이라면 누구나 내 자식이 좋은 대학과 좋은 직장에 다니면서 인생이 윤택하기를 바랄 것이다. 그래서 부모들은 자식이 어릴 때부터 많은 교육을 시키면서 사교육비를 지출하게 된다. 또 중고등학교에 진학하면 더 많은 돈이 지출된다. 한국의 한 가정에서 사교육비가 차지하는 비중은 약 40%에 이르기도 한다. 물론 다 그런 것은 아닐 테지만 이보다 더 많이 지출하는 가정들도 있을 것이다.

　예전에는 소를 키우는 농가에서 자녀들의 학비를 대기 위해 자녀 한 명당 소 한 마리씩을 팔았다고들 하지만 지금은 어림도 없는 얘기다. 교육비가 소 한 마리의 가격을 훨씬 뛰어넘은 것은 이미 오래전이고 또 매년 평균 7%씩 상승하고 있기 때문에 점점 더 부담이 될 수밖에 없다.

　따라서 자녀 교육비도 연금자산을 준비하듯이 장기적으로 준비해야 할 것이다. 혹시 자녀가 유학이라도 가게 된다면 더 많은 비용을 충당해야 하기 때문에 항상 대비

책을 세워놓아야 한다.

최근 장기적으로 투자할 수 있는 교육비 관련 상품들이 많이 출시되고 있다. 본인의 성향도 고려해야 하지만 더 중요한 것은 교육비 상승률만큼 수익이 나오느냐 하는 것이다. 이렇게 보면 적금 쪽보다는 펀드와 같은 투자 쪽이 더 낫다고 본다. 주식시장의 변동 폭은 크기 때문에 값이 떨어질 수도 있어 불안한 생각도 들 것이다. 하지만 주식이나 경제 상황은 일정한 사이클을 그리면서 순환한다는 점을 인식할 필요가 있다. 그 주기는 보통 4.7년 정도다. 한 번 내려가기 시작하더라도 분명 다시 올라가는 때가 있기 때문에 평균 매입단가를 낮추면서 장기적으로 투자한다면 8% 정도의 수익은 보증할 수 있다는 게 전문가들의 생각이다.

따라서 각 자녀에 대한 실질적이고 구체적인 교육비 마련 계획을 미리 세워놓고 그에 맞는 투자 준비를 하는 게 좋겠다.

## 058

● 보장자산

보장자산을 간단히 정의하면 한 가족의 가장에게 예측하지 못한 위험이 발생했을 때 부양가족이 받을 수 있는 자산이라 할 수 있다.

예를 들어 아버지 혼자 수입이 있는 4인 가족을 생각해보자. 아내는 서른네 살, 자녀들은 이제 일곱 살, 다섯 살이다. 사교육비 등으로 가족들에 대한 책임이 더욱 막중해질 예정인 아빠가 아주 건강하고 오래오래 가족을 부양해야지만 화목한 가정을 유지할 수 있다. 혹시 모를 갑작스런 사고를 당하거나 질병이 생기면 가정 자체가 풍비박산될지도 모른다. 준비된 돈이 없기 때문이다.

사망보험에 대한 보험료도 만만치가 않다. 보통 30대 가장이 3억 정도의 보장을 받기 위해서는 매달 40만 원 정도가 투자되어야 한다. 물론 일부 정해진 기간 동안만 보장받을 수 있는 정기특약에 가입하면 보험료가 조금 내려가기도 하지만 말이다.

우리 주위에는 아직 나이도 젊고 건강하기 때문에 자신에게 사고가 일어날 것이라고는 생각하지 않으며 그에 따라 보험료가 아깝다고 생각하는 사람들이 많다. 하지만 사람 일은 모르는 법이다.

앞으로 가족을 부양하는 데 얼마만큼의 돈이 필요할지 생각해본 적이 없다면 이렇게 해보자. 우선 첫째, 둘째 자녀가 대학에 들어갔을 때의 교육비와 결혼자금을 예상해서 노트에 적는다. 또 집을 대출해서 샀다면 그 대출 금액도 기입할 수 있으며, 우리 가족의 최소한의 한 달 생활비에 12를 곱해서 연 단위를 구하고 둘째가 독립할 때까지 남아 있는 시기를 곱해 전체 생활비를 구한다. 그리고 남편 없이 힘들게 자녀들 뒷바라지를 할 아내를 위해 아내가 대략 55세일 때부터 받을 수 있는 연금자산까지 적어보면 대략적인 금액이 나온다. 재무계산기를 통해 물가상승률, 교육비상승률을 반영해서 계산한다면 좀 더 정확하게 계산할 수 있을 것이다. 이렇게 구해진 비용이 어마어마하다는 사실은 안 봐도 뻔하다.

대부분의 가장들이 그러하듯 만약 종신보험 형태로 이러한 보장자산을 꾸준히 준비했는데, 특별한 문제없이 오랫동안 가족을 잘 돌보았다면 그동안 납입했던 보험료가 차곡차곡 쌓여 자신과 아내의 훌륭한 은퇴자금이라는 선물로 되돌아올 수도 있다. 어떻게 보면 일석이조의 효과를 누리는 것이다.

보험이라는 것 자체를 가족을 생각하는 마음, 가족에 대한 사랑이라고 여기면 더욱 큰 의미로 다가온다. 지금 이러한 생각을 해본 적이 없다면 빨리 알아보는 것이 좋겠다.

## 059 — 경험생명표

경험생명표는 보험가입자를 대상으로 성별, 연령별 생존·사망률과 진여수명 등을 예측해 만들어지는 것으로 보험료 산정의 기준이 되고 있다. 금융감독원에서 공시를 하고 각 보험회사는 일정 기간 후에 이것을 반영하게 된다. 이는 국민생명표와 달리 보험가입자만을 근거로 해서 작성되며 보험개발원이 3~5년 주기로 산출한다. 생명보험회사들은 예정위험률예정사망률 등, 예정이율, 예정사업비율 등 세 가지 지표를 토대로 보험료를 산정하는데 이중에서 예정위험률을 가장 중요하게 생각한다. 특히 사망률은 예정위험률에 가장 큰 영향을 미치고 그에 따라 사망률은 보험료 책정에서 가장 큰 비중을 차지하게 된다.

경험생명표가 변경되어 평균수명이 늘어나게 되면 종신보험과 같은 사망보험금에 대한 보험료는 낮아지게 되고 종신연금에서 받을 수 있는 금액이 줄어든다. 그러므로 가입 시점의 경험생명표를 반영하는 연금보험에 가입하면 평균수명이 올라감에 따라 연금 수령액이 줄어드는 위험을 미리 방지할 수 있다.

경험생명표를 갱신하는 이유는 의료기술 발달이나 생활수준 향상 등으로 인해 사망률이 줄어드는 경향 등을 보험료에 반영하기 위해서다. 2012년 7월부터는 남성 80세, 여성 85.9세를 평균수명으로 보는 7회의 경험생명표를 반영하고 있다.

다음은 보험개발원에 명시되어 있는 경험생명표다.

**경험생명표 평균수명의 변동 추이**

| 회차 | 4회 | 5회 | 6회 | 7회 |
|------|------|------|------|------|
| 시행<br>시기 | 2002.12<br>~<br>2006.3 | 2006.4<br>~<br>2009.9 | 2009.10<br>~<br>2012.6 | 2012.7<br>~ |
| 남자 | 72.8세 | 76.4세 | 78.5세 | 80세 |
| 여자 | 81.7세 | 84.4세 | 85.3세 | 85.9세 |

● 보험용어 정리

보험에 가입하면 보험회사로부터 보험증권과 보험약
관, 보험청약서부본을 받게 된다. 물론 가입히기 전 설
계사가 잘 설명해주었고, 그렇기 때문에 잘 이해했다고
생각하지만 실제로 보험금을 청구할 일이 생길 때 어떤
보상을 받을 수 있는지 헷갈리는 경우가 있다.

그럴 때 몇 가지 용어라도 알고 있으면 좀 더 이해하
기 쉬울 것이다.

**보험금:** 나중에 보험회사로부터 재해나 질병에 의해 받는 돈

**보험료:** 보험에 가입한 후 매월 보험회사에 내는 약정된 금액

**보험자:** 보험회사

**계약자:** 보험료를 낼 의무가 있고 보험에 대한 유지, 변경,
해지 등의 권리가 있는 자

**(주)피보험자:** 보험대상자를 가리키는 말

**종피보험자:** 피보험자 외에 같은 보험에서 또 다른 적용을
받는 자

**수익자:** 보험금을 받는 자

**납입기간:** 보험료를 납입하는 기간

**보험기간:** 보험에 대해 보장받는 기간

**보험증권:** 보험계약에 대한 증명서

**보험약관:** 회사와 계약자 간에 이행해야 할 권리와 의무를
규정한 것

**보험(책임) 개시일:** 보장이 시작되는 날. 암 같은 경우 90
일이 지나야 함

**해지환급금:** 계약을 더 이상 유지하지 않고 해지 시 계약자
에게 돌려주는 금액

**특별계정:** 보험료 중 일부를 투자실적에 배당하기 위해 다
른 자산과 구별한 계정

**월대체공제액:** 특별계정 적립금에서 매월 계약일에 차감되
는 계약 유지비


이 외에도 더 어려운 보험용어가 많이 있지만 기본적
으로 이 정도만이라도 정확히 알고 있으면 나중에 보험
설계사가 무슨 말을 하는지 이해할 수 있을 것이다.

# 061 ● 종신보험

　종신보험은 보험대상자피보험자가 정해진 기간 없이 사망 시점종신까지 보장을 받는 보험이다. 보험금은 보험대상자가 사망으로 확증되었을 경우에 지급된다. 이때 확증에는 보험대상자가 실제 사망을 한 경우 외에 실종되었다거나 어떤 경유로 사망을 확인한 경우도 포함된다.

　한국에 종신보험이 소개된 때는 1990년대 초반이라 할 수 있겠다. 처음에는 외국계 보험회사의 상품이었기 때문에 국내에서의 반응이 그리 크지 않았다. 하지만 점차적으로 국내 고객의 요구에 따라 바뀌면서 현재는 많은 가정에서 가입을 하고 있다.

　종신보험의 보험료는 대략 경험생명표를 기준으로 책정된다고 할 수 있다. 20대가 사망할 확률과 50대가 사망할 확률의 차이는 매우 크게 날 것이다. 아무래도 50대의 한 가장이 종신보험에 가입하기 위해서는 20대의 청년보다 훨씬 많은 보험료를 지출하게 된다. 이처럼 보험료는 연령별로 차이가 많이 나기 때문에 종신보험에는 되도록 어린 나이에 가입하는 게 현명하다고 할 수 있겠다. 또한 일단 가입을 하면 처음 정해진 보험료가 오르지 않는 '평준보험료'를 생각해볼 만하다.

한편 시간이 지나면 일부 보험료는 적립이 되기 때문에 생각보다 오래 산다면 냈던 보험료의 대부분을 환급받거나 연금 형태로 받을 수 있다. 물론 여기에는 장기적으로 보험료가 납입되어야만 한다는 조건이 있다.

한 가지 예를 들어 35세의 남자가 가족을 위해 3억 원의 종신보험에 가입했다고 해보자. 보험료는 약 46만 원이며, 이 돈을 매달 20년 동안 납입해야 한다. 20년 동안 계속 납입한다면 총 내는 보험료는 1억1천140만 원 정도 된다. 그리고 20년 후 만기가 되면 그때는 내가 냈던 보험료보다 조금 더 많은 돈을 받을 수 있다. 사망하지 않아 3억은 받지 못하더라도 얼마의 이득은 보장받는 셈인 것이다.

어떤 사람은 이 대목에서 물가상승률이라는 의문을 제기할 수도 있다. 물가상승률을 대략 3%라고 가정한다면 20년 후 3억 원의 가치는 1억6천610만2천726원이 된다. 반 토막 정도의 보장밖에는 안 되는 것이다.

그래서 새로 변형된 변액종신보험이 등장했다. 이 상품은 보험료로 적립된 일부의 돈이 투자되기 때문에 전통형 종신보험과는 달리 투자수익에 따라 보장금액이 상승할 수 있게 설계되어 있다. 만약 투자된 돈이 마이너스가 된다 하더라도 처음에 보장받기로 한 3억 원은 변하지 않는 기능이 있기 때문에 많은 사람들이 가입하고 있다. 전통형 상품은 예정이율보험회사가 고객으로부터 받은 보험료를 보험금 지급 때까지 운용해 거둘 수 있는 예상수익률에 따라 이자가 붙기 때문에 평균 4.25~4.5%의 확정이자 형태로 적립된다고 보면 된다. 안정적인 것을 원한다면 전통형 상품에, 물가상승률을 대비하고 싶다면 변액종신보험에 가입하면 된다.

자신의 재무상황에 맞게 가입하면 가족의 안전을 보호할 수 있을 것이다.

# 062 ● 정기보험

정기보험이란 정해진 기간 동안에만 사망 보장을 받는 것을 말한다. 종신보험에 비해 상대적으로 보험료가 저렴한데 그 이유는 종신보험이 언제 사망하든 보장을 해주는 데 비해 정기보험은 10년, 20년과 같이 기간을 정해놓고 그 기간 안에 사망해야만 보장을 해주기 때문이다. '일정한 기간 동안'이라는 제약이 있지만 현재 납입할 수 있는 적은 액수를 가지고 사망 보장을 받을 수 있다는 장점도 있다.

정기보험의 기간은 어떻게 설정하는 것이 좋을까? 상황에 따라 다르겠지만 대부분 막내 자녀가 사회에 진출해서 독립할 수 있는 시점까지로 기간을 정해놓는다. 막내가 이제 태어난다면 앞으로 30년은 보장 받아야 하기 때문에 30년짜리 정기보험에 가입하면 되겠다.

그렇다면 정기보험에는 어떤 사람들이 주로 가입할까? 보통은 가족에 대한 책임을 지고 있는 가장이 종신보험에 대한 부담감 때문에 상대적으로 저렴한 정기보험에 가입하는 경우가 많다. 또 대출을 많이 갖고 있는 사람이 대출 만기일을 계산해서 보험에 가입하기도 한다. 대출을 받은 상태에서 사망을 하면 고스란히 가족들이 그 빚을 떠안아야 하기 때문이다.

정기보험을 좀 더 유용하게 활용할 수 있는 방법을 알아보자. 5년마다 갱신되는 정기보험에 가입하면 갱신이 안 되는 10년, 20년짜리 정기보험보다 보험료가 저렴할 수 있다. 하지만 갱신될 때마다 인상되는 보험료에 대한 부담은 감안해야 할 것이다. 또 종신보험의 주계약을 최소로 하고 정기보험에 특약으로 가입할 수도 있고 종신보험에 가입하는 대신 정기보험과 저축에 가입할 수도 있다. 예를 들어 종신보험 하나에 30만 원을 들일 돈으로 정기보험에 10만 원, 변액유니버셜보험에 20만 원, 이렇게 나누어 가입하면 사망 보장이 될 뿐만 아니라 20만 원이라는 부분에 이자가 붙을 수도 있고 원금 손실의 위험을 감안하더라도 투자수익이 상대적으로 높은 주식에 투자해 또 다른 이익을 얻을 수도 있다.

이처럼 정기보험만 잘 활용해도 적은 금액을 갖고 얼마든지 보장의 혜택을 누릴 수 있다. 재무설계사와 잘 상의한다면 좋은 설계안을 받아볼 수 있겠다.

# 063 ● 변액보험

변액보험은 매월 내는 보험료의 일부가 투자, 펀드 형태로 운용되는 것을 말한다. IMF 이후 본격적인 금리 인하가 계속적으로 진행되면서 은행에 돈을 맡겨두어도 이자가 낮기 때문에 내가 모은 돈이 물가상승률을 이길 수 없게 되었다. 따라서 내가 내는 보험료의 일부가 주식에 투자되면서 투자수익을 안겨주는 투자성 상품이 그 대안이 되었다.

저축성 보험의 경우 공시이율이 4~5% 사이밖에 되지 않아 이보다 리스크는 감내해야 하지만 더 큰 수익을 볼 수 있는 변액보험에 많은 사람들이 가입하고 있다. 또한 현재 1억의 사망 보장을 받을 수 있는 보험에 가입했다 하더라도 20년 후의 1억은 그만한 가치가 안되는데 이에 대한 보완적인 역할도 해준다. 물가상승률을 3%로 계산하더라도 현재의 1억은 20년 후 5천500만 원 정도의 가치밖에 안 되는 것이다.

변액보험에는 주로 사망을 보장하는 데 중점을 둔 변액종신보험, 연금을 보장하는 데 중점을 둔 변액연금보험이 있다. 또한 목돈을 유동성 있게 모으기 위한 방법인 변액유니버셜보험도 있다. 어떤 회사든지 상품 이름에 '변액'이라는 표현이 있으면 매달 지불되는 보험료의 일부가 주식이나 채권에 투자된다고 생각하면 된다.

## 064

변액연금보험과
변액유니버셜보험

변액연금보험은 이름에 나와 있는 것처럼 연금을 목적으로 한 상품이다. 그래서 약정된 보험료를 납입하면 그 일부가 채권에 투자되어 그 수익을 재원으로 연금을 지급하게 된다.

특징은 가입 시기의 경험생명표를 반영해 수명이 연장될 때 종신연금 금액이 극대화되는 효과가 있다는 것이다. 또한 연금이라는 특성 때문에 내가 납입한 원금을 보증하는데, 각 생명 보험회사마다 조금씩의 차이는 있지만 보통은 100~200%를 보증한다. 물론 여기에는 의무적인 납입기간과 거치기간이 필요할 수도 있을 것이다. 또한 가입한 뒤 10년이 지나면 비과세 혜택도 누릴 수 있기 때문에 연금소득세에 대해 걱정할 필요가 없다.

변액유니버셜보험은 적립식 펀드와 변액보험의 장점인 실적배당과 유니버셜의 장점인 단순한 상품 구조 및 은행 상품과 같은 자유입출금을 결합해 만든 종합금융형 보험이다.

다양한 기능이 있는 다목적 상품이기 때문에 가정

의 라이프 스타일에 맞춰서 적립금액을 적절하게 활용할 수가 있다. 납입 중간에 사정이 생겨서 보험료를 내지 못하더라도 보험의 유지가 가능하며 또 반대로 갑자기 목돈이 생기거나 여유 자금이 있을 때 추가 납입을할 수도 있다. 게다가 장기적으로 적립하는 도중 자녀의교육자금이나 결혼자금이 필요할 때 해약하지 않고 중도 인출해서 활용할 수도 있다. 변액연금보험과 마찬가지로 10년이 지나면 비과세 혜택이 있다는 것 역시 중요하다. 어느 정도 자신이 생각한 목표수익률에 도달하면 주식을 채권으로 변경해 안정적인 수익을 지킬 수 있고, 또 주가가 많이 떨어져 있는 경우 주식을 다시 저가로 사들일 수 있는 기회가 있기 때문에 초과수익을 볼수 있는 장점이 있다. 따라서 변액유니버셜보험에 가입한 후에는 펀드 관리가 필수적이라 할 수 있다.

연금 전환의 기능이 있어서 연금으로도 활용할 수가 있다. 하지만 연금 전환 시 적용되는 보험료는 가입 당시의 경험생명표가 아닌 연금 전환 시의 경험생명표를 기준으로 한다는 것이 앞서 설명한 변액연금보험과의 차이다. 때문에 변액연금보험보다는 상대적으로 연금액이 낮을 수 있다. 또한 연금으로 전환하게 되면 수익은더 이상 투자에 따르는 것이 아니라 공시이율에 따르게되므로 낮아질 수도 있을 것이다. 그래서 한편으로는 연금 전환을 하지 않음으로써 계속적으로 투자수익을 보고 돈이 필요한 시기에는 중도 인출을 하며 살아가는 것이 나을 수도 있겠다.

변액연금과 변액유니버셜의 가장 큰 차이는 변액연금은 상대적으로 안정적인 투자채권에 50% 이상 투입를 목적으로 하는 반면 변액유니버셜은 채권투자 비율이 의무화되어 있지 않기 때문에 좀 더 공격적으로 수익을 창출할 수 있는 동시에 위험률이 높다는 것이라고 할 수 있다. 그렇기 때문에 변액유니버셜보험의 경우 중간중간 큰 목적자금이 필요할 때 가입하는 게 더 유리할 것이다.

**변액연금보험과 변액유니버셜보험 차이점**

| 상품 | 변액연금보험 | 변액유니버셜보험 |
|---|---|---|
| 특징 | 안정적인 투자가 가능함 | 공격적인 수익을 창출할 수 있음 |
| 장점 | 연금이라는 특성 때문에 납입한 원금의 100~200%를 보증 | 납입 중간에 보험료를 내지 못하더라도, 중도 인출을 하더라도 보험의 유지 가능 |
| | 가입 시기의 경험생명표를 반영해 수명이 연장될 때 종신연금 금액이 극대화됨 | 추가 납입 가능 |
| | 10년 뒤 비과세 혜택 | 10년 뒤 비과세 혜택 |
| 채권 비율 | 채권에 50% 이상 투자해야 함 | 채권투자 비율이 의무화되어 있지 않음 |
| 목적 | 연금 | 목돈이나 종잣돈 |

## 065

● 어린이 변액유니버셜보험

어린이 변액유니버셜보험은 변액유니버셜보험과 같지만 자녀들을 위한 몇 가지 추가되는 기능이 있다. 상품은 각 보험회사별로 다양하게 나와 있는데, 자녀가 일정한 나이인 20세 이상이 되면 계약자를 변경할 수 있다는 게 가장 큰 장점이다. 그렇게 계약자를 부모에서 자녀로 변경하면 계약자와 피보험자 모두 자녀가 되기 때문에 순수한 자녀 보험이 되며 자녀가 사망할 때까지 그 보험은 그대로 쓸 수 있게 된다.

혹자는 아이가 컸을 때 가입하면 되는데 굳이 그렇게 할 필요가 있냐며 반대 의견을 제시할 수도 있다. 틀린 말은 아니지만 미리 가입하면 계약자가 변경되어도 보험에 가입한 시점의 약관을 그대로 적용해준다는 것을 생각해야 한다.

현재 모든 보험회사의 장기 저축성 상품은 10년 이상의 납입을 조건으로 비과세 혜택을 주지만 언제까지 그러한 혜택을 받을 수 있다는 보장이 없다. 국가에서 비과세 혜택을 점점 축소하고 폐지하려 하기 때문이다. 가장 대표적인 예로 장기주택마련저축의 경우 7년 이상 납입하면 소득공제와 비과세 혜택을 주었기 때문에 사회초년생이라면 무조건 가입해야 할 상품이었지만 현재는 더 이상 비과세 혜택과 소득공제 혜택을 받을 수 없다. 이처럼 국가적인 이자소득세 혜택이 더욱더 줄어들 것이라는 사실은 미리 예상해볼 필요가 있다.

따라서 자녀에게 비과세 통장을 물려주는 것만으로도 어린이 변액유니버셜보험의 목적은 다한 것이나 다름없다. 이외에도 어린이 변액에 가입하는 것은 저축과 보장 상품에 저렴한 비용으로 한꺼번에 가입하는 것과 같다. 또한 교육비상승률이 매년 평균 7% 정도라고 하는데, 은행의 적금 이자는 평균 3.5~4%로 교육비상승률을 따라가지 못한다. 어렸을 때부터 어린이 변액을 통해 장기적인 투자를 한다면 교육비상승률을 감당할 수 있는 투자수익을 실현시킬 수 있을 것이라 생각해본다. 그리고 자녀들에게 어렸을 때부터 본인의 대학등록금을 위해 어린이 변액에 가입하고 있다고 설명해주면 경제에 대한 이해도를 높일 수 있고 가끔씩 용돈이 생길 때마다 추가 납입을 해 적립금을 좀 더 불릴 수도 있다.

이처럼 여러 가지 장점을 겸비한 어린이 변액유니버셜보험에 출산과 함께 꼭 가입할 것을 강력하게 추천한다.

## 보험회사별 어린이 변액유니버셜보험

| 보험회사 | 상품 |
|---|---|
| 메트라이프생명 | KidsPlan 변액유니버셜보험 |
| 미래에셋생명 | 어린이 변액적립보험 |
| 알리안츠생명 | 글로벌 어린이 변액유니버셜보험 |
| 동양생명 | 꿈나무 변액유니버셜보험 |
| AIA생명 | 뉴 부자아이 변액유니버셜보험 |
| KDB생명 | KDB변액유니버셜보험-주니어형 |
| PCA생명 | 스타트 어린이 변액유니버셜보험 |

\* 2012년 4월 기준

## 066

● 공시이율과 예정이율

보험회사에서는 두 가지 이율을 가지고 여러 가지 보험료나 적립액의 수익률을 결정짓는다. 공시이율과 예정이율이 그것이다.

공시이율은 쉽게 말해 변동성이 있는 이율이라고 생각하면 된다. 시중금리에 연동되며 보험개발원이 은행의 1년짜리 예금금리와 회사채금리, 약관대출금리를 반영해 결정한다. 공시이율은 그것이 적용되는 회사, 상품마다 약간은 다르지만 거의 시중금리에 많은 영향을 받기 때문에 '시중금리+α회사사업수익금리'라고 생각하면 좋겠다.

예정이율은 보험회사가 보험금을 지급할 때까지 고객으로부터 받은 보험료 운용을 통해 거둘 수 있는 예상수익률을 의미하고, 보험회사는 이 수익률을 감안해 일정한 비율로 보험료를 미리 할인해주곤 한다. 따라서 예정이율이 높으면 보험료가 저렴하기 때문에 똑같은 보장이라면 예정이율이 높은 회사를 선택하는 것도 한 가지 팁이라고 할 수 있겠다. 이러한 예정이율은 보통 각 보힘회시마다 조금씩 차이가 있기 때문에 저렴한 보험료를 위해 조금 따져보면 재테크에도 도움이 된다.

공시이율은 시장이율에 어느 정도 영향을 받기 때문에 현재 높다고 하더라도 나중에는 낮아질 수도 있다. 보통 보험회사의 영업자들이 제안하는 설계안은 현재 공시이율로 만기까지 적용되어서 나오는 수치이기 때문에 유의해서 볼 필요가 있다. 하지만 시중금리가 너무 떨어져 미국처럼 0%가 된다고 하더라도 각 회사마다 최저보증이율이 있어서 보호를 해주니 너무 걱정하지 않아도 된다. 따라서 보험에 가입할 때 최저보증이율을 체크해보는 것도 도움이 되겠다.

예정이율은 보통 가입 당시의 이율로 고정되기 때문에 보험 기간이 끝날 때까지 그 이율로 적용된다. 그 때문에 예전에 종신보험에 가입한 고객들의 예정이율이 거의 8~9%대에 달하는 고금리인 경우도 있다.

각 보험회사마다 공시이율이나 예정이율은 생명보험협회나 해당사 홈페이지에 공시하게 되어 있기 때문에 본인이 가입한 상품의 공시이율이나 예정이율이 어떻게 되는지 한 번씩 살펴보는 것도 도움이 될 것이다.

# 067 ● 방카슈랑스

방카슈랑스Bancassurance는 프랑스어로 은행을 뜻하는 'Banque'와 보험을 뜻하는 'Assurance'가 결합되어 탄생한 것이다. 따라서 이는 은행과 보험회사가 서로 연계해 개인에게 광역의 금융서비스를 제공하는 시스템으로, 보험회사가 은행 지점을 보험상품의 판매 대리점으로 이용, 은행원이 직접 보험상품을 파는 영업 형태다. 보험회사의 경우 은행의 전국적인 점포망을 통해 판매점을 손쉽게 확보할 수 있고, 은행으로서는 각종 수수료 수입을 챙길 수 있어서 서로 윈윈하는 시스템이라고 할 수 있겠다.

유럽에서는 방카슈랑스가 보편화되어 생명보험상품의 20% 이상이 은행을 통해 판매되고 있고, 그중에서도 프랑스나 에스파냐에서는 70%에 달한다. 한국은 2003년 8월부터 방카슈랑스가 시행되었고, 지금까지도 여러 형태의 보험상품이 은행에서 판매되고 있다.

방카슈랑스에는 은행을 통해 여러 가지 금융서비스를 단번에 받기 때문에 시간을 절약할 수 있다는 장점도 있지만 몇 가지 아쉬운 점도 있다. 빙카슈랑스는 은행의 수익 중에서도 큰 비중을 차지하고 있어 은행에서 직원들로 하여금 반 강제적으로 고객들에게 보험을 권하게 하는 경우가 종종 발생한다. 이는 은행에 대한 신뢰도가 떨어뜨리고, 민원 발생의 원인으로 작용한다.

한 장소에서 관련된 업무를 일괄해 처리하는 방식인 원스톱서비스를 통한 보험 가입이 편리하긴 하겠지만 조금 불편하더라도 보험상품은 전문 보험설계사에게 상담하고 대출이나 예금은 은행에서 하는 것이 고객 입장에서 가장 좋은 방법이라고 생각한다.

## 068

• 손해보험과 생명보험

 손해보험은 내가 실제로 손해를 본 만큼의 비용을 그대로 보장받는 실비<sub>실제로 발생되는 비용</sub> 개념으로 생각하면 되고, 생명보험은 미리 정해놓은 보장금액을 보장받는 정액형<sub>정해진 액수</sub> 개념으로 생각하면 된다. 손해보험은 물론 사람을 대상으로도 가입할 수 있지만 대부분은 물적 개념의 보험으로 생각한다. 자동차보험, 주택화재보험과 같이 말이다. 이와 달리 생명보험은 사람에만 관련이 있기 때문에 인적 개념의 보험이다.

### 손해보험과 생명보험의 차이점

| 구분 | 정의 | 특징 |
|------|------|------|
| 손해보험 | 내가 실제로 손해를 본 만큼의 비용을 그대로 보장 | 물적 개념의 보험 |
| 생명보험 | 미리 정해놓은 보장금액을 보장 | 인적 개념의 보험 |

 그런데 요새는 손해보험에서만 관여할 수 있었던 것에 생명보험도 관여하고, 반대로 생명보험에서만 관여하던 것에 손해보험도 관여하는 경우가 많다. 손해보험

에서도 암이나 특성 질환에 대한 진단금을 보장하는 경우가 그 예다. 또 생명보험에서도 실비 개념의 보험인 의료비 보장보험을 판매하고 있기도 하다.

앞으로 손해보험, 생명보험의 개념이 어느 정도 통합될 것이라고 예상할 수 있기는 하지만 그래도 물적인 부분에서는 손해보험의 영역을 생명보험이 침범하지 못할 것이고, 또 생명보험의 종신연금이나 종신보험은 지금처럼 계속 유지될 것이라고 생각한다. 따라서 그냥 막연히 보험에 가입해야겠다고만 생각하지 말고 어떤 회사의 어느 상품이 어떤 것을 보장하는지를 신중하게 고려해야 한다.

## 069

● 어린이보험

아이가 태어난 후에 가입하는 보험은 어린이보험이고, 아직 태어나지 않은 태아 때 가입하는 보험은 태아보험이라고 한다. 하지만 태아보험에 가입한 후 계속 유지하면 어린이보험으로 자연스럽게 전환될 수 있다.

태아보험에 가입하는 이유는 아기가 태어나자마자 얼마 안 되어서 사고가 아닌 질병으로 병원 치료나 수술을 받아야 할 때, 이 질병의 60~70%는 선천적인 원인에 따른 것이기 때문이다. 예로 임신 중에 기형아 검사를 받는다 하더라도 구순구개열언청이은 잘 찾아내지 못한다. 이때 태아보험의 선천성보장특약에 가입하게 되면 그에 대한 치료비를 보장받을 수 있는 것이다. 아기가 저체중으로 태어나 인큐베이터를 사용하게 되면 상황마다 다르겠지만 많게는 수천만 원의 병원비가 나오기도 한다. 또한 태아가 질병 등 때문에 병원에서 치료를 받게 되었을 때 그제야 보험에 가입하려 해도 보험회사에서는 가입을 거부할 가능성이 높다. 경우에 따라 다르겠지만 보통은 질병이 완치된 이후 최대 5년까지 보험 가입이 불가능하고, 재발 가능성이 높은 질병일수록 더더욱 가입이 어렵다. 그리고 만약 태아가 건강하게 잘 태어나면 태아와 관련된 특약에 대해서는 더 이상 보험 료를 지불하지 않아도 된다.

어떤 부모들은 위와 같은 이유로 태아 때부터 종신까 지 보장 받을 수 있는 보험에 가입하기도 한다. 하지만 이런 보험은 보험료가 비싸기 때문에 각자 잘 생각해보 고 선택하는 것이 좋다. 저자의 아버지는 당신의 보험은 하나도 들어놓지 않고 자녀들 보험만 빵빵하게 가입했 는데 정작 아버지가 암으로 조기에 사망하셨다. 물론 남 아 있는 우리들의 보험은 아직까지 우리에게 보장 한 번 제대로 해준 적이 없다. 말인즉은 가장의 보험이 그래도 최우선이며, 어느 정도 보장을 준비해놓은 상태일 때 자 녀의 보험에 가입하는 것도 늦지 않다는 것이다.

## 070

의료실비보험

　의료실비보험은 질병이나 상해적인 이유로 인해 병원 치료를 받게 되었을 경우 실제 치료비를 충당해주는 보험이다. 진료비 영수증이 나왔을 때 건강의료보험공단에서 보조해주는 비용을 뺀 본인부담금을 보험회사가 보장해주는 것이다.

　예전에는 이 금액의 100%를 보장해주었지만 지금은 90%로 조정되었다. 도덕적해이Moral Hazard 때문이다. 옛날에는 웬만한 큰 병이 아니면 병원에 가는 일이 매우 드물었는데, 요즘 사람들은 어차피 보험회사에서 보장해준다는 생각으로 어디가 살짝 아파도 CT 촬영, MRI 촬영 등 값비싼 검사를 마다하지 않는다. 병원 입장에서도 크나큰 수입이 생기기 때문에 환자가 검사를 요청하면 안 해줄 이유가 없는 것이다. 이렇게 되면 보험회사 측에서는 의료실비보험금으로 나가는 돈이 많다 보니 의료실비보험료를 올릴 수밖에 없다. 또 무척 건강하고 병원에 잘 가지 않는 사람이라도 의료실비보험을 3년 혹은 5년마다 무조건 갱신해야 하기 때문에 이유 없이 비싼 보험료를 지불하게 된다. 결국 경제적으로 여건이 안 되는 사람들은 의료실비보험을 가입하는 데 있어서 큰 부담감을 갖게 될 것이다. 이러한 여타 상황들로 인해 10%의 자기부담금 제도를 실시하게 되었는데, 그렇다 하더라도 의료실비보험료는 계속 오를 가능성이 높다.

되도록이면 의료실비보험에 빨리 가입하는 것 역시도 재무 목표를 달성하는 데 큰 도움이 될 것이다. 혹시라도 내가 일하지 않을 때 예상치 못한 병원비가 지출되면 가계에 큰 영향을 줄 수 있기 때문이다. 그리고 나이가 점점 들어감에 따라 자잘한 질병이 생기면 가입이 제한될 수 있으므로 되도록이면 건강할 때 가입하도록 해야 한다.

## 071

• 자동차보험

　교통사고가 발생하면 차도 파손되지만 제일 중요한
사람이 다칠 수도 있고 심하면 사망하기도 한다. 또 내
가 사고를 내면 상대방에게 손해를 끼치게 되고 혹시라
도 그가 사망하기라도 한다면 큰 보상을 해주어야 한다.
그래서 나라에서는 자동차를 가진 사람이라면 누구나
남에게 입히는 손해를 최소한으로 배상할 수 있도록 자
동차보험에의 가입을 의무화하고 있다.

　그런데 자동차보험도 각 회사별로 보험료 차이가 많
이 나고, 같은 회사라도 설계사를 통해 가입하는 것과
본인이 직접 가입하는 것의 가격의 차이가 조금 있다.
무조건 가격이 싼 것만 찾다가는 나중에 큰 사고가 발생
했을 경우 사고 처리에 대한 방식이 형편없을 수 있으니
잘 따져보아야 한다.

　자동차보험에 가입하는 가장 큰 이유는 의무적이기
때문인 것도 있겠지만 그보다 사고를 대비하기 위해서
다. 따라서 가장 신속하게 사고를 처리해줄 수 있는 회
사면 더욱 좋겠다. 수도권에서는 사고를 처리하는 것이

크게 문제가 안 되겠지만 지방이나 외곽 지역으로 갈수록 사고현장에 다다를 수 있는 인력이 얼마나 확보되어 있는지 살펴보는 게 좋다.

보통 자동차종합보험에 가입하게 되면 기본적으로 대인배상1, 대인배상2, 대물배상, 자기신체사고, 자기차량손해, 무보험자동차상해에 대한 것을 보상해준다.

대인배상은 상대방의 신체 사고에 대해 보상해주는 것을 말한다. 여기서 대인배상1은 의무적으로 가입해야 하는 책임보험이며 대인배상2는 책임보험이 아니다. 하지만 대인배상2에도 가입하는 것이 좋다. 대인배상1은 1억 원까지만 보장해주지만 대인배상2는 보상액이 무한이기 때문이다.

대물배상은 상대 차량에 대한 보상을 해주는 것인데, 보통은 5천만 원~1억 원짜리에 가입한다. 하지만 특수차량 혹은 비싼 수입차와 사고가 난 경우에는 대물배상이 보장해주는 금액을 초과해서 자신의 돈으로 배상해야 하는 때도 종종 있다고 한다. 이러한 일을 대비해 만약 3~5억 원짜리에 가입하면 어떤 차와 사고가 나더라도 거의 보상 처리가 될 것이다. 보상 금액을 5억까지 올린다 하더라도 보험료 차이는 비싸봐야 1년에 3~5만 원 정도밖에 차이가 나질 않는다. 이제 본인의 자동차보험의 대물배상이 얼마짜리인지 확인해보기 바란다.

자기신체사고에서도 역시 몇 가지 사항을 알면 도움이 된다. 자기신체사고는 본인이 운전하다가 과실로 인해 스스로 사고가 난 경우 보상해주는 특약이며, 자기신체손해自損와 자동차상해自傷로 구분된다. 전자의 경우 실제 소요된 치료비를 해당 급수의 한도로 지급하고 부가적인 보험금은 일절 지급하지 않는다. 급수는 1~14급으로 구분되는데, 병원비가 얼마가 나오든 간에 정해진 급수에 따라 보험금을 받는다. 하지만 자기신체손해가 아닌 자동차상해에 가입하면 본인이 운전하다가 사고가 나도 대인배상과 동일한 보상을 받게 된다. 치료비는 물론이고 위자료, 휴업손해액, 상실수익액 등 모든 항목의 보장이 가능한 것이다. 그중에서도 치료 기간 중 일하지 못해서 생기는 손해까지 보상 받는다는 점은 놀랄 만하다. 보험료도 1년 치를 놓고 봤을 때 자기신체손해와 2~3만 원 정도밖에 차이가 나질 않는다.

따라서 자동차보험에 가입할 때 대물배상과 자동차상해를 필수적으로 포함시키면, 물론 보험료는 포함시키지 않는 것보다 조금 비싸게 나올 수 있지만 나중에 사고를 당했을 때 훨씬 큰 보장을 받게 될 것이다.

## 자동차보험의 보상

| | |
|---|---|
| **대인배상** | 상대방의 신체 사고에 대한 보상 |
| **대물배상** | 상대 차량에 대한 보상 |
| **자기신체사고** | 본인이 운전하다가 과실로 인해 스스로 사고가 난 경우 보상 |
| **자기차량손해** | 상대방 없이 사고를 내거나, 화재, 폭발, 도난 등으로 차량이 부서졌을 때 이에 대한 수리비 보상 |
| **무보험자동차상해** | 무보험차에 의한 피해와 다른 자동차를 운전하다 낸 사고에 대한 보상 |

주택, 아파트, 건물 등에 화재가 발생했을 때 보장하는 보험을 가리킨다.

일반 사람들이 별로 크게 인식하고 있지는 않지만 한 번의 화재로 엄청난 경제적인 피해와 인명 피해까지 볼 수 있기 때문에 사전에 알아보는 게 좋다. 또한 새롭게 법이 적용되면서 우리 집에서 발생한 화재로 인해 이웃 집에까지 불이 옮겨 붙는다면 그 피해까지 내가 배상해야 하기 때문에 점점 관심은 높아지고 있다.

화재는 발생 확률이 그리 높지 않기 때문에 아파트나 주택의 경우 기간이 1년인 소멸성 보험에 대략 2~3만 원 정도면 가입할 수 있다. 따라서 주택을 소유하고 있거나 임대를 해서 사는 경우라 하더라도 화재보험에는 필수적으로 가입하는 게 좋겠다.

그런데 소멸성으로 가입해 적은 금액으로도 보장받을 수 있는 것을 굳이 만기 환급형으로 가입하려고 하는 사람도 많이 있다. 만기 환급형이라고 해서 100%가 환급되는 것도 아닌데 말이다.

그보다는 1년 치 비용만 투자할 생각으로 소멸성에 가입하고, 환급형과의 차액을 가지고 이율이 높은 적립형 상품에 가입하는 게 오히려 더 현명하지 않나 생각해 본다.

● 체크카드

체크카드는 직불카드와 신용카드를 합친 개념으로 카드 예금계좌의 잔액 범위 내에서 사용할 수 있는 카드다. 때로는 잔액이 없어도 일정한 금액까지 마이너스 대출 방식으로 쓸 수도 있고 후불교통카드와 같은 신용카드의 기능도 있어 준신용카드라 할 수 있다.

요즘에는 사람들도 과소비를 조장하는 신용카드보다는 체크카드를 더 선호하는 경향이 있으며 다양한 종류의 체크카드가 출시되고 있다. 그렇다 보니 선택의 폭이 넓어져서 자신의 실생활에 맞는 체크카드를 선택해 유용하게 사용할 수 있다. 특히 현금이나 신용카드를 사용하는 것보다 체크카드를 사용하는 게 소득공제 혜택이 더 크기 때문에 많은 직장인에게 인기를 얻고 있다. 이전까지는 25%를 공제해주었는데 2012년부터는 30%까지 공제비율이 늘어난 것이다. 또한 연회비도 없고 통장의 잔액 한도 내에서 사용하기 때문에 불필요한 과소비를 줄일 수 있다는 장점이 있다.

체크카드는 은행이나 카드사에서 발급받을 수 있는

데, 인기가 높은 셋은 시중은행의 체크카드라고 할 수 있다. 은행에서 발급하고 있는 체크카드가 이용하는 데 있어서 좀 더 편리하고 혜택도 많기 때문이다.

## 신용카드와 체크카드

| 구분 | 정의 | 특징 |
|---|---|---|
| 신용카드 | 상품이나 서비스를 먼저 받고, 나중에 그 값을 예금계좌에서 자동적으로 갚게 하는 카드 | 잔고 없이 소비 가능<br>과소비 조징 |
| 체크카드 | 카드 예금계좌의 범위 내에서 사용할 수 있는 카드 | 직불카드와 신용카드의 기능을 혼합 |

# ⬤074 ●— 소득공제

소득공제란 과세의 대상이 되는 소득 중에서 일정 금액을 공제해주는 것이다. 소득공제에 대해 많이 알면 알수록 세금의 부담을 덜 수 있다. 그런데 매년 공제되는 조건은 조금씩 바뀌기 때문에 국세청 사이트에 접속해서 알아보는 것이 좋다.

소득공제에는 근로소득공제, 특별공제, 인적공제, 조세특례제한법상공제 등이 포함된다. 이중 근로소득공제는 근로자들이 소득을 얻는 과정에서 필수적으로 들어가는 경비에 대한 세금을 빼주는 것이고, 특별공제는 근로소득공제 외에 정책적으로 지원이 필요한 부분을 공제해주는 것인데, 여기에는 보험료, 교육비, 의료비, 주택자금대출금 원금상환액, 신용카드 사용액, 기부금 등이 포함된다. 즉, 월급을 100만 원 받는 직장인이 10만 원의 보험금을 납입하고 있다면 그 사람의 월급을 90만 원으로 보고 90만 원에 대한 세금만 징수한다는 것이다.

인적공제는 가족 상황을 기준으로 하며 기본적으로 1인당 150만 원까지 공제해주고, 장애인은 200만 원, 70세 이상의 노인인 경우 100만 원, 6세 이하의 자녀는 1인당 100만 원, 출산·입양을 했을 경우 200만 원, 이렇게 추가공제를 받을 수 있다. 저출산시대이기 때문에 다자녀 추가공제도 있는데, 자녀가 두 명일 때 100만 원, 세 명일 때 300만 원, 네 명일 때 500만 원의 추가공제 혜택을 받는다.

이미 설명한 바가 있는 연금저축상품에 2001년 1월 1일 이후 가입한 경우 400만 원의 소득공제를 받을 수 있어 세금을 절세할 수 있다. 근로소득자와 사업소득자 모두 가입이 가능하며 연금 준비와 절세를 동시에 노릴 수 있다.

한편 근로소득자일 경우에는 공제되는 항목이 많지만 사업소득자일 경우에는 그렇지 않다. 사업소득자가 세금 혜택을 받을 수 있는 몇 가지 안 되는 방법 중 하나가 노란우산공제상품에 가입하는 것이다. 이 상품은 중소기업중앙회에서 관여하기 때문에 안정적으로 운영된다. 또한 매월 적립액에 복리로 이자가 붙으며 소득공제 혜택을 최고 연 300만 원까지 누릴 수 있다는 것도 장점이다. 게다가 사업을 영위하다 보면 갑작스럽게 자금이 부족할 수도 있는데 그럴 때 납입한 금액의 한도 내에서 대출도 가능하고 압류도 되지 않아 사업자에게 큰 도움이 된다. 5~75만 원 사이에서 자유롭게 납입할 수 있는데 보통 300만 원의 소득공제를 모두 받기 위해서는 매월 25만 원 이상을 납입해야 한다.

세금을 탈세하는 것은 범죄지만 절세하는 것은 합법이기 때문에 절세하는 범위 내에서 최대한 많은 정보를 얻고 실행한다면 도움이 되겠다. 소득공제를 최대한 많이 받을 수 있는 방법을 모색한다면 이렇게 스마트하게 절세할 수 있다.

아래 내용을 참고해 어떤 항목에서 더 많은 공제를 받을 수 있는지 알아보기 바란다.

### 2011년 국세청 소득공제 항목 요약

| 항목 | 구분 | 공제금액 | 요건 | | |
|------|------|----------|------|------|------|
| 인적 공제 | 기본공제 | 1명당 150만 원 | 구분 | 소득금액 요건* | 나이요건** |
| | | | 본인 | × | × |
| | | | 배우자 | ○ | × |
| | | | 직계존속 | ○ | 만 60세 이상 |
| | | | 형제자매 | ○ | 만 20세 이하 만 60세 이상 |
| | | | 직계비속 (입양자 포함) | ○ | 만 20세 이하 |
| | | | 위탁아동 | | 만 18세 미만 |
| | | | 수급자 | ○ | × |
| | | | * 연간 소득금액 합계액 100만 원 이하 ** 장애인의 경우 나이요건 적용하지 않음 | | |

| | | | | |
|---|---|---|---|---|
| 인적<br>공제 | 추가<br>공제 | 경로우대 | 1명당<br>100만 원 | 기본공제 대상자 중 만 70세 이상 |
| | | 장애인 | 1명당<br>200만 원 | 기본공제 대상자 중 장애인 |
| | | 부녀자 | 1명당<br>50만 원 | 근로자가 다음의 어느 하나에<br>해당하는 경우<br>· 배우자가 있는 여성 근로자<br>· 기본공제 대상자가 있는 여성 근로자로<br>서 세대주 |
| | | 6세 이하 | 1명당<br>100만 원 | 만 6세 이하 자녀 · 입양자 · 위탁아동<br>(본인이 6세 이하 추가공제를 받지 아니한<br>경우 배우자가 공제 가능) |
| | | 출산 ·<br>입양자 | 1명당<br>200만 원 | 기본공제 대상자로서 해당 연도에 출생한<br>직계비속과 입양신고한 입양자 |
| | 다자녀 추가공제 | | 2명 100만 원<br>3명 300만 원<br>4명 500만 원 | 기본공제 대상 자녀가 2명 이상인 경우<br>· 100만 원+(기본공제 대상 자녀 수-2)×<br>  200만 원 |

| 항목 | 구분 | | 공제금액 | 요건 |
|---|---|---|---|---|
| 연금<br>보험료<br>공제 | 국민연금 보험료공제 | | 전액 | 근로자 본인의 국민연금 보험료 |
| | 기타연금 보험료공제 | | 전액 | 근로자 본인이 공무원연금법 등에 따라 부<br>담한 특수직역 연금보험료 |
| | 퇴직연금 소득공제 | | 연<br>400만 원<br>한도 | 근로자가 부담하는 퇴직연금 부담금<br>※ 연금저축공제와 합해<br>연 400만 원 한도 |
| 특별<br>공제 | 보험료 | 건강보험료 | 전액 | 근로자 본인 명의의 건강보험료 |
| | | 고용보험료 | 전액 | 근로자 본인 명의의 고용보험료 |
| | | 노인장기<br>요양보험료 | 전액 | 근로자 본인 명의의 노인장기요양 보험료 |
| | | 보장성<br>보험료 | 100만 원<br>한도 | 근로자가 기본공제 대상자를 피보험자로<br>지출한 보장성보험의 보험료 |
| | | 장애인전용<br>보장성<br>보험료 | 100만 원<br>한도 | 근로자가 기본공제 대상자 중 장애인을 피<br>보험자 또는 수익자로 지출하는 장애인<br>전용보험에 지출한 보험료 |

| | | | | |
|---|---|---|---|---|
| 특별공제 | 의료비 | ㉮ 본인 | 공제 한도 없음 | 총급여액 3%를 초과하는 경우 공제 가능 |
| | | ㉯ 65세 이상 | | |
| | | ㉰ 장애인 | | − 공제 가능 의료비<br>· 진찰, 치료 등을 위한 의료기관 지출비용 (미용·성형수술비용 제외)<br>· 치료요양을 위한 의약품 구입비용 (건강증진 의약품 제외)<br>· 장애인보장구 구입·임차비용<br>· 시력교정용 안경(콘택트렌즈) 구입비용 (1인당 연 50만 원 이내 금액) |
| | | ㉱ 그 외 부양가족 | 연 700만 원 한도 | · 보청기 구입비용<br>· 장기요양급여비 본인 일부 부담금<br><br>− 의료비 공제금액 계산 |

| 구분 | 의료비 공제금액 |
|---|---|
| ㉱ 〈총급여액 3% | (㉮+㉯+㉰)−(총급여액 3%−㉱) |
| ㉱＝총급여액 3% | (㉮+㉯+㉰)+적은 금액[(㉱−총급여액 3%), 700만 원] |

※ ㉯, ㉰, ㉱ : 나이·소득금액 제한 없으나 생계를 같이하는 부양가족에 해당되어야 함

| 항목 | 구분 | | 공제금액 | 요건 |
|---|---|---|---|---|
| 특별공제 | 교육비 | 취학 전 아동 | 1명당 연 300만 원 한도 | 보육비용, 학원비·체육시설, 수강료, 유치원비 |
| | | 초등학생 | | 교육비, 학교급식비, 교과서대, 방과후 학교 수업료, 국외교육비 (국외유학요건 충족), 교복구입비 (중·고생 50만 원 이내) |
| | | 중·고등학생 | | 나이 제한을 받지 않음 (직계존속 공제대상 아님) |
| | | 대학생 | 1명당 연 900만 원 한도 | 교육비, 국외교육비 (국외유학 요건 충족) |

| | | | | |
|---|---|---|---|---|
| 특별<br>공제 | 교육비 | 근로자<br>본인 | 전액<br>공제 | 교육기관 교육비, 대학·대학원 1학기<br>이상의 교육과정과 시간제과정 교육비,<br>직업능력개발훈련 수강료 |
| | | 장애인<br>특수<br>교육비 | | 사회복지시설 등에 기본공제 대상자인 장<br>애인*의 재활교육을 위해 지급하는 비용<br>* 이 경우 소득금액 제한 없으며, 직계존속<br>도 공제 가능 |
| | 주택<br>자금 | 주택임차<br>차입금.<br>원리금.<br>상환액<br>등 | 원리금<br>상환액의<br>40%<br>(연 300만 원<br>한도)<br><br>※월세액공제<br>와 주택마련저<br>축 불입액공<br>제와 합해 연<br>300만 원 한도 | 무주택 세대의 세대주인 근로자가 국민주택<br>규모의 주택을 임차하기 위하여 금융회사<br>등으로부터 차입한 차입금. 원리금. 상환액 |
| | | | | 무주택 세대의 세대주로서 배우자나 부양<br>가족이 있는 근로자(총 급여 3천만 원 이<br>하만 해당)가 국민주택규모의 주택을 임차<br>하기 위하여 개인으로부터 차입한 차입금.<br>원리금. 상환액 |
| | | 월세액<br>소득<br>공제 | 월세지급액의<br>40%(연 300<br>만 원 한도) | 무주택 세대의 세대주로서 배우자나 부양<br>가족이 있는 근로자(총 급여 3천만 원 이<br>하만 해당)가 국민주택규모의 주택을 임차하<br>기 위해 지급하는 월세액 |
| | | 장기주택<br>저당차입금<br>이자상환<br>액공제 | 1천만 원<br>한도<br>(최대<br>1천500만 원<br>한도) | 무주택 세대의 세대주(세대주가 주택 관<br>련 공제를 받지 않은 경우 세대원) 국민주<br>택규모의 주택(취득 당시 기준시가 3억 원<br>이하)을 취득하기 위해 당해 주택에 저당권<br>을 설정하고 금융기관 등으로부터 차입한<br>장기주택 저당차입금의 이자상환액<br>– 차입금의 상환기간 15년 이상<br>– 주택소유권 이전등기 또는 보존등기일로<br>부터 3개월 이내에 차입<br>–채무자가 당해 저당권이 설정된 주택의<br>소유자<br><br>※ 공제한도<br>· 1천만 원(상환기간 30년 이상: 1천500만 원)<br>· 주택자금공제 전체 한도는 장기주택저당<br>차입금의 한도와 동일하게 적용 |

| 항목 | 구분 | | 공제금액 | 요건 |
|---|---|---|---|---|
| 특별<br>공제 | 기부금 | 정치자금<br>기부금 | 근로소득금액<br>한도 내에서<br>공제 | 정치자금법에 의한 정당(후원회 및 선거관리위원회)에 기부한 정치자금 (근로자 본인이 기부한 경우에만 공제 가능)<br>– 10만 원까지: 정치자금 세액공제<br>– 10만 원 초과금액: 법정기부금 공제 |
| | | 법정기부금 | | 국가 등에 지출한 기부금 |
| | | 특례기부금 | 공제한도는<br>소득금액 등의<br>50% | 독립기념관 등 조세특례제한법 제73조에 규정하는 기부금(11.6.30까지 지출분) |
| | | 우리사주조합<br>기부금 | 공제한도는<br>소득금액 등의<br>30% | 우리사주조합원이 아닌 근로자가 우리사주조합에 지출한 기부금 |
| | | 지정기부금<br>(종교단체<br>제외) | 공제한도는<br>소득금액 등의<br>30% | 사회복지·문화 등 공익성을 고려한 지정기부금 단체 중 비종교단체에 지출한 기부금 |
| | | 지정기부금<br>(종교단체) | 공제한도는<br>소득금액 등의<br>10% | 종교의 보급, 그 밖의 교화를 목적으로 민법 제32조에 따라 문화체육부장관 또는 지방자치단체의장의 허가를 받아 설립한 비영리법인(그 소속 단체 포함)에 기부한 기부금 |
| | 표준공제 | | 연 100만 원 | 특별공제가 100만 원에 미달하는 경우 특별공제를 적용하지 않고 표준공제 적용 |

| 항목 | 구분 | 공제금액 | 요건 |
|---|---|---|---|
| 그<br>밖의<br>소득<br>공제 | 개인연금저축<br>소득공제 | 연 72만 원<br>한도 | 개인연금저축 불입액의 40% 공제<br>※ 180만 원 불입 시 연 72만 원 공제 |
| | 연금저축<br>소득공제 | 연 400만 원<br>한도 | 연금저축 불입액 공제<br>※ 퇴직연금 소득공제와 합해 연 400만 원 한도 |
| | 소기업·<br>소상공인<br>공제부금<br>소득공제 | 연 300만 원<br>한도 | 소기업·소상공인에 해당하는 대표자의 노란우산 공제 불입액 공제 |

| | | | |
|---|---|---|---|
| 그 밖의 소득 공제 | 주택마련 저축공제 | 연 300만 원 한도 | 주택마련저축* 불입액의 40% 공제<br>– 무주택 세대의 세대주<br>– 국민주택규모의 주택(가입 당시 기준시가 3억 원 이하)을 한 채만 소유한 세대의 세대주 (2009.12.31 이전 가입만 해당)<br>* 주택마련저축<br>·주택법에 의한 청약저축(월 납입액 10만 원 이하)<br>·근로자주택마련저축(월 납입액 15만 원 이하)<br>·장기주택마련저축(2009.12.31 이전 가입)<br>·주택청약종합저축(월 납입액 10만 원 이하) |
| | 투자조합출자 등 소득공제 | 출자 또는 투자금액의 10% | 중소기업창업투자조합, 벤처기업 등에 출자 또는 투자 후 2년이 되는 날이 속하는 과세연도까지 선택해 1과세연도에 공제<br><br>※ 공제한도 |

※ 공제한도

| 구분 | 공제한도 |
|---|---|
| 2008년 이전 투자 | 소득금액의 50% |
| 2009년 이후 투자 | 소득금액의 30% |

| | | | |
|---|---|---|---|
| | 신용카드 등 소득공제 | (신용카드 등 사용금액– 총급여액 25%) ×20%(25%) | – 20% 공제대상 사용금액<br>·신용카드 사용액<br>·현금영수증 기재금액<br>·학원비 지로납부 금액<br>– 25% 공제대상 사용금액<br>·직불카드(체크카드), 직불전자지급수단·기명식 선불 전자지급수단 또는 기명식 전자화폐 사용 금액<br>– 본인, 기본공제대상 배우자, 생계를 같이하는 직계존비속(소득금액 제한은 있으나, 나이 제한은 없음)의 신용카드 등 사용액<br>– 300만 원과 총급여액의 20% 중 적은 금액 한도 |
| | 우리사주조합 소득공제 | 연 400만 원 한도 | 우리사주조합원이 자사주를 취득하기 위하여 우리 사주조합에 출연한 금액 |

2012년 신용카드의 공제율은 전년도와 똑같지만 체크카드의 공제율은 연봉의 25%에서 30%로 상향되어 2011년보다 5% 높다는 것도 다시 한 번 확인할 수 있다.

계속 점검

재무설계를 잘하기 위해서는 알아야 할 것도 많고 공부해야 할 것도 많다. 하지만 그러한 것들을 귀찮게 생각하지 않고 정보를 하나씩 알아가는 재미를 느낄 때 결국 나의 재무설계를 효과적으로 진행할 수 있을 것이다.

예전에는 열심히 일을 하면 부자가 된다고 했지만 요즘은 그렇지 않다. 열심히 일하는 것은 기본이고 재테크와 관련된 새로운 정보를 많이 아는 것이 부자가 되는 지름길이다. 자기가 일하고 있는 분야에서도 전문가가 되어야 하지만, 재무설계의 목표를 세우고, 계획하고, 실행하면서 재무설계의 전문가가 되면 일하는 것에 대한 진정한 가치를 알게 될 것이다.

그런데 스스로 그렇게 하기가 어렵다고 느껴진다면 협력자가 될 수 있는 재무설계사에게 도움을 청하는 방법을 추천하고 싶다. 그들은 새로운 정보를 지속적으로 찾기 때문에 자신의 고객에게 가장 적합한 재무설계를 해줄 수 있다.

또한 재무를 설계한 대로 실행하고 있는지도 한 번씩

중간점검을 하고, 또 중간점검 받기를 권한다.

실행과 중간전검은 애초의 목표로 나를 이끌 것이고,
그때  내 인생의 그림도 훌륭하게 완성될 것이다.

목 차   색 인

# CONTENTS
## INDEX

## 목차 색인

**ㄱ**

가치주펀드 | 73

간접투자 | 43

개인연금 | 117

경험생명표 | 161

계속 점검 | 204

공시이율 | 178

교육비 마련 | 156

국민연금 | 111

금리 | 98


**ㄹ**

랩어카운트 | 90


**ㅁ**

매출액 영업이익률 | 54

머니마켓펀드 | 36


**ㅂ**

방카슈랑스 | 180

변액보험 | 170

변액연금보험 | 172

변액유니버셜보험 | 172

보금자리주택 | 153

보장자산 | 158

보험용어 정리 | 163

복리의 효과 | 101

부동산펀드 | 67

부채비율 | 55

비상예비자금 | 31


**ㅅ**

상장지수펀드 | 86

생명보험 | 182

성장주펀드 | 74

소득공제 | 196

손해보험 | 182

신용등급 | 95

실적배당형 상품 | 124

실질금리 | 139

**ㅇ**

어린이 변액유니버셜보험 | 175

어린이보험 | 184

연금자산 | 108

예금자보호제도 | 132

예정이율 | 178

원자재펀드 | 69

월급통장 | 130

유동비율 | 56

의료실비보험 | 186

이자소득세 절세 | 136

인덱스펀드 | 75

인터넷뱅킹 | 128

인프라펀드 | 71


**ㅈ**

자기자본비율 | 145

자기자본이익률 | 46

자동차보험 | 188

자산운용보고서 | 77

장기주택마련저축 | 138

정기보험 | 168

종신보험 | 165

주가매출액비율 | 53

주가수익비율 | 48

주가순자산비율 | 50

주가연계증권 | 83

주당순이익 | 47

주당순자산 | 49

주택 마련 | 150

주택연금 | 121

주택종합청약저축 | 147

즉시연금보험 | 119

증권형펀드 | 65

직접투자 | 43


**ㅊ**

채권 | 92

체크카드 | 194


**ㅋ**

코스트에버리징 효과 | 57

코스피 지수 | 38

**ㅌ**

통장 쪼개기 | 28

퇴직연금 | 115


**ㅍ**

파생금융상품 | 80

펀드 | 60

펀드의 운용 | 62

표면금리 | 139


**ㅎ**

현금흐름배수 | 52

홈트레이딩시스템 | 40

화재보험 | 192

확정금리형 상품 | 124


**B**

BPS | 49


**C**

CMA | 31

COFIX 금리 | 142


**E**

EPS | 47


**H**

HTS | 40


**M**

MMF | 36


**P**

PBR | 50

PER | 48

PSR | 53


**R**

ROE | 46


**123**

1%의 비밀 | 126

72의 법칙 | 106

量入以爲出.

수입의 많고 적음을 헤아린 다음에 지출을 하라.

— 예기禮記《왕제편王制篇》